高校思想政治教育的改革创新研究

甘永诚　王家伟　高　亮◎著

文化发展出版社
Cultural Development Press
·北京·

图书在版编目（CIP）数据

高校思想政治教育的改革创新研究 / 甘永诚，王家伟，高亮著 . -- 北京 ：文化发展出版社，2024. 9.
ISBN 978-7-5142-4475-5
Ⅰ. G641
中国国家版本馆 CIP 数据核字第 2024GW8747 号

高校思想政治教育的改革创新研究

甘永诚　王家伟　高　亮　著

责任编辑：岳智勇　　　责任校对：侯　娜
责任印制：邓辉明　　　封面设计：守正文化
出版发行：文化发展出版社（北京市翠微路 2 号 邮编：100036）
网　　址：www.wenhuafazhan.com
经　　销：全国新华书店
印　　刷：天津和萱印刷有限公司

开　　本：710mm × 1000mm　1/16
字　　数：200 千字
印　　张：10.25
版　　次：2025 年 3 月第 1 版
印　　次：2025 年 3 月第 1 次印刷

定　　价：72.00 元
I S B N：978-7-5142-4475-5

前 言

高校在现代化建设中承担着培养德智体美劳全面发展的社会主义事业建设者和接班人的重大任务。高校作为思想政治教育的主阵地，其教学质量直接关系着大学生对于先进道德文化和理念的接受程度，决定着高校大学生的职业素养与基本修养。党的十八大以来，以习近平同志为核心的党中央高度重视对教育工作的领导，先后召开了全国高校思想政治工作会议、学校思想政治理论课教师座谈会等一系列重要会议，为全面贯彻党的教育方针，解决好“培养什么人、怎样培养人、为谁培养人”的根本问题指明了方向。但从实际情况来看，面对新形势、新任务与新挑战，高校思想政治教育的成效与预期目标相比，仍有需要改进的地方，教育教学形势依旧严峻。作为教育的重要一环，传统的大学生思想政治教育面临着全新的发展方向和发展格局。面对当今的高校大学生，高校思想政治教育工作者应该高瞻远瞩，对大学生思想政治教育的主体、客体、教育效果的方方面面进行革新，以便将高校思想政治教育工作落到实处。

本书共六章。第一章为高校思想政治教育概论，分别介绍了高校思想政治教育的定义、高校思想政治教育的理论、高校思想政治教育的功能分析、高校思想政治教育的主要特点四个方面的内容；第二章为高校思想政治教育的发展，主要介绍了三个方面的内容，依次是高校思想政治教育的发展现状、高校思想政治教育的当代化转型、高校思想政治教育立体化模式分析；第三章为高校思想政治教育师资队伍建设，分别介绍了三个方面的内容，依次是高校思想政治教育师资队伍的要求、高校思想政治教育师资队伍的建设路径、高校思想政治教育师资队伍的强化；第四章为高校思想政治教育对大学生精神动力的培养，依次介绍了高校思想政治教育视角下大学生精神动力培养概述，高校思想政治教育培养大学生精神动力的方法、路径和措施两个方面的内容；第五章为“互联网 +”背景下高校思想政治教育改革探索，主要介绍了三个方面的内容，分别是高校思想政治教育路径改革、高校思想政治教育环境改革、高校思想政治教育学习改革；第六章为高校思想政治教育的创新发展探索，分别介绍了高校思想政治教育的创新方法、高校思想政治教育实践的资源创新两个方面的内容。

在撰写本书的过程中，笔者参考了大量的学术文献，得到了许多专家学者的帮助，在此表示真诚感谢。由于笔者水平有限，书中难免有疏漏之处，希望广大同行及时指正。

甘永诚　王家伟　高　亮

2023 年 6 月

目　录

第一章　高校思想政治教育概论……1
第一节　高校思想政治教育的定义……1
第二节　高校思想政治教育的理论……2
第三节　高校思想政治教育的功能分析……7
第四节　高校思想政治教育的主要特点……9

第二章　高校思想政治教育的发展……21
第一节　高校思想政治教育的发展现状……21
第二节　高校思想政治教育的当代化转型……31
第三节　高校思想政治教育立体化模式分析……48

第三章　高校思想政治教育师资队伍建设……64
第一节　高校思想政治教育师资队伍的要求……64
第二节　高校思想政治教育师资队伍的建设路径……71
第三节　高校思想政治教育师资队伍的强化……84

第四章　高校思想政治教育对大学生精神动力的培养……91
第一节　高校思想政治教育视角下大学生精神动力培养概述……91
第二节　高校思想政治教育培养大学生精神动力的方法、路径和措施……95

第五章 “互联网 +”背景下高校思想政治教育改革探索……107
第一节 高校思想政治教育路径改革……107
第二节 高校思想政治教育环境改革……113
第三节 高校思想政治教育学习改革……118

第六章 高校思想政治教育的创新发展探索……122
第一节 高校思想政治教育的创新方法……122
第二节 高校思想政治教育实践的资源创新……144

参考文献……156

第一章　高校思想政治教育概论

本章主要介绍高校思想政治教育概论，主要从四个方面进行阐述，分别是高校思想政治教育的定义、高校思想政治教育的理论、高校思想政治教育的功能分析、高校思想政治教育的主要特点。

第一节　高校思想政治教育的定义

关于思想政治教育的定义有很多，众多专家学者对其进行了深入研究与探讨。笔者认为，思想政治教育是指对一定的社会群体进行思想观念和政治观念的规范，并对其实施有计划、有目的和有体系的训练与教学，使其行为和思想道德能够符合社会规范的社会实践活动。

一、高校思想政治教育的概念

高校思想政治教育是围绕中国特色社会主义合格建设者和可靠接班人应具有的正确的政治观、法治观、道德观而进行的理论与实践的教化活动，以促进大学生树立正确的政治观、法治观和道德观及具有与此相应的品行和情操①。

对于思想政治教育，就主客体要素而言，学校管理层、教师教辅人员和受教育者协同发挥作用。就教育内容及其形式而言，政治意识的灌输是核心，塑造正确价值观念是其本质要求。需要指出的是，教育形式的多样化在实践中的表现是教育载体的多元化。就整体育人环境和基础条件而言，主客体所处的教育环境和当前社会可提供的物质基础与文化内核是主要内容，要产生作用必须具有可见的社会环境。同时，思想政治教育不同阶段呈现不同特点，对社会环境产生反作用，受教育者在不同阶段的发展情况，对社会环境提出不同的要求。

① 王淑芹，李文博．“思想政治教育”概念的廓清与释义［J］．思想理论教育导刊，2018（3）：124—127．

高校思想政治理念的内涵要求关注教育的阶段性特点，教育目标在于解决高校学生在成长成才的各阶段的突出矛盾和关键问题，着力于破解思想政治教育连贯性问题。教育主体的自觉影响和社会环境的自发影响对育人效果和实践过程产生作用。不同教育主体受个体能力、社会背景、价值追求、精神文化等影响，自觉和自发影响的效果有差异，甚至产生副作用。思想政治教育最终要求或者说其理论价值在于辩证认识思想政治教育育人影响，消解不同因素的副作用，将积极因素功能最大化，将消极因素最小化，形成教育主客体、内容形式和环境辩证统一的影响合力。

二、高校思想政治教育的基本含义

（一）从政治教育的视角看

高校思想政治教育是一个连贯的过程，是思想政治教育内容的信息传递过程，这个过程的发生并不受到时间或者地点的限制。教育本质上是一个互动与沟通的过程，受教育者接收教育工作者传递的信息，结合自己的理解转化为知识，并且给予一定的反馈，将所学内容内化为自己的思想和行为。高校进行的思想政治教育是价值观的教育。从思想教育的各个因素（包括产生、发生过程、目标和主要内容等）来看，思想政治教育的本质是政治教育。教育工作者将马克思主义、共产主义信仰和社会主义道德转化为教育内容，从而提高人民群众的整体道德素质。

（二）从精神生产的视角看

有学者从精神生产的角度分析思想政治教育的过程，认为高校思想政治教育应该以价值审视和价值选择为基本内容，实际上是一种精神生产实践活动。还有学者认为思想教育要体现经济基础和上层建筑、思想活动和物质实践的统一，并且要处理好教育的主体和客体、内容与形式、过程与结果之间的关系。

第二节　高校思想政治教育的理论

一套可行的教学方式要有成熟的理论作为指导，在此基础上有效地指导思想政治教学更好地实施。

一、授课教学理念

授课教学理念是关于教学实践的一种认识，表达人们对有关教学活动的一种理想。授课教学理念有相对稳定的一面，也有动态发展的一面，它是随着时代的需要和人们教学实践的不断深入而发展的。对于教师来说，授课教学理念不仅是一种教学理想和教学态度，也是一种关于教育方法的观念。教师的课程教学理念直接影响教师对课程教学的态度，影响教师对课程教学内容和教学方式的选择。

二、高校思想政治教学中的相关理念

高校思想政治理论课是落实立德树人根本任务的关键课程，该课程所具备的教学理念既要顺应新一轮基础教育课程改革的要求，也要符合课程自身的特殊要求。具体来看，高校思想政治理论课应具备的教学理念有以下几种。

第一，素质教育理念。面向全体学生、促进学生的全面发展、促进学生个性发展，这是素质教育的三大要义。其中，面向全体学生强调每一个学生都能得到发展，不应只注重一部分人和少部分人的发展；促进学生个性发展强调在教育过程中要尊重个性、理解差异、因材施教，在共性的基础上促进学生个性的充分发展。素质教育理念是与应试教育理念完全不同的一种理念，是在应试教育弊端的基础上提出的，符合社会发展和个人发展需要的教育教学理念。

第二，“以人为本”的教学理念。“以人为本”的教学理念是将学生看作教学的主体，关注学生已有的学习背景和知识经验。

第三，知识性与教育性相统一的教学理念。知识性是指通过该课程的教学，学生能够学习和掌握该学科的专业基础知识。教育性是指该课程承担着促使学生形成正确“三观”（世界观、人生观、价值观）的重要使命。知识性与教育性相统一的教学理念，要求教师在教学过程中不仅要传授知识、讲解理论，还要注重对学生思想品德的培养，将传授知识、提高觉悟、培养能力结合起来。

第四，开放性教学和教学生活化理念。长期以来，我国传统的思想政治教育的课堂教学带有“旧三中心”（以教师为中心、以教材为中心、以课堂为中心）色彩，教学地点集中在课堂，教学内容主要以教材中的理论知识讲授为主，这种封闭式、灌输式的教学方式与学生生活实际相脱节，理论性过强，学生学习兴趣不高。高校思想政治教育的教学内容和教学形式不应该仅仅局限于教材和课堂，而是应该树立开放的教学理念。教学内容要紧跟时代发展的步伐；教学空间不应仅仅局限于教室中，还应该利用一些校内外的教育实践基地进行教学。

三、马克思主义有关人的全面发展学说

人的全面发展学说认为人的发展应该呈现新的发展状态，在广度和深度上消灭片面的、不平衡的、畸形的发展，进而实现自由发展、全面发展、充分发展。人的全面发展学说符合中国特色社会主义进入新时代的育人要求，是思想政治教育理念的本质，其理论的现实性体现在思想政治教育要促进高校学生的全面和自由发展。

我们要根据当今经济型社会的特点，结合学校专业以及学生特点，探索马克思主义基本原理内涵，提高课堂的实效性，丰富教学内容，吸引学生的注意力，推进高校思想政治教育理论的改革与创新。为此，教师应采用贴近学生生活实际、符合现代教育教学规律的启发式、互动参与式教学方法等。在以马克思主义关于人的全面发展学说理论为基础的高校思想政治理论课中要注重学生的自身发展。

四、裴斯泰洛齐教育思想理论

瑞士教育家裴斯泰洛齐（Pestalozzi）认为，道德教育的目的并不是在理论上树立条条框框，而是在行动上指明该怎么做。裴斯泰洛齐认为学生的道德行为主要是在家庭中奠定基础的，所以他很看重家庭教育，并把家庭教育列入教育体系中。①

五、杜威教育思想理论

美国哲学家、教育家约翰·杜威（John Dewey）提出了“一元论”教育观，在他看来，教育是获取知识与培养品德的双重过程，通过接受教育，学生可以不断增长与人类社会发展进步相关的经验知识，还能够不断培养自身有效参与社会生活的能力。在传统教育中，学生不处于主体地位，往往被动地接收各种知识，教师、课堂与教材是教学的三个中心，杜威对传统教育中的“旧三中心”模式加以严厉的抨击。传统教育不尊重学生个体的兴趣和需要，压抑了学生本身的天性与欲望，最终效果往往不尽如人意。在杜威看来，教学要尊重学生的个性与兴趣，在这个基础上对学生展开教学，发展学生的个性，培养学生成为具有个性的人。

此外，“社会中心论”是杜威在“教育即生活”“教育即生长”“教育即经验改造”的基础上提出的教育思想，用以克服学校与学生生活存在彻底性分离的现

① 裴斯泰洛齐．裴斯泰洛齐教育论著选［M］．夏之莲，等译．北京：人民教育出版社，1992．

实问题。按照杜威的想法，一切教育的根本问题是协调个人和社会关系的问题[①]。

六、唯物辩证法联系和发展理论

对于大学生来说，他们的心理还未完全发展成熟，对待某些问题与冲突之时，其做法与判断仍然比较偏向主观，使用孤立的形而上学的观点看待问题，只是抓住其中的某一点，不知晓如何从联系中掌握事实，这就会歪曲事物的本质。在高校思想政治教育过程中，如何使学生正确地看待问题，这是需要着重关注的，唯物辩证法理论对此带来了重要的启示。在高校思想政治教育中引入唯物辩证法，重点是让学生能够学会以理性的态度面对生活，学会全面地看待问题。对于教师来说也是同样，教师要以发展的观点看问题，利用学生的“最近发展区”激发学生思维，时刻把握学生的思想动态，全面地看待学生的发展。

七、支架式教学理论

美国心理学家、教育家布鲁纳（Bruner）所提出的支架式教学理论的核心观点是，教师应帮助学生建构理解知识的概念框架，在这个框架之下，学生能够学习得更加有条理、效率也会更高，但随着时间的推移，学生的知识储备增加、个人能力提高，这种概念框架逐渐地被撤去，学生开始学会自己掌握与调节整个学习过程。支架式教学理论与思想政治教育有一些共同点，因此，可以将支架式教学理论引入思想政治教育中。

第一，在支架式教学中，创设问题情境之时，要确保能够激发学生的兴趣，使学生积极主动地参与到问题解决的过程中来。高校思想政治教育的重要前提和切入点也是创设一个能够激发学生兴趣的冲突情境，然后在价值冲突之中逐渐深化对内容的理解。

第二，支架式教学与思想政治教育教学都与“最近发展区”的理论内容有关。在支架式教学之中，搭建“脚手架”环节主要是按照“最近发展区”对任务进行分解与建立的。在思想政治教育之中，在教学活动开始之前，教师就要依照课标以及教材内容的要求对学生未来需要达到的目标水平有一个明确的认知，还要通过目前的实际情况分析学生的认知能力水平，在教学之中消除原有能力与所要解决的问题之间存在的差异。

第三，在支架式教学中，学生的独立探索与协作学习同样重要，它会预设各

---

① 杜威．我的教育信条：杜威论教育［M］．彭正梅，译．上海：上海人民出版社，2013．

种可能发生的情况，然后尽可能使学生适应，从而减少不必要因素的影响，进而更好地进行学习。在高校思想政治教育之中，学生往往通过小组讨论的形式来对某些问题进行探讨分析，这些小组成员在思维与认知方面往往存在着某种差异，在交流之中，成员之间的思想不断地碰撞出火花，学生也会加深对问题中所蕴含思想的印象与理解。小组讨论完成之后，学生还要通过评价表进行自评与互评，然后依据评价内容更好地发展自己。

八、价值澄清理论

20世纪60年代价值澄清理论开始兴起，在理论方面关于它的阐述比较少，它更多地被应用于学校教育当中，因此，它往往侧重于对实际教学中的教学方法的论述，对于高校思想政治教育具有一定的启示作用。另外，它存在着一些争议性问题与弊端，在这个基础上，辩论式教学可以不断探索其中更多有效的改进方法，吸取经验加以运用。

第一，价值澄清理论强调学生的主体地位，反对传统的灌输教学，引导学生学会价值判断与行为选择，并进行自我指导。辩论式教学的目标主要有两个：一个是要澄清其中相对来说容易混淆的比较相近的知识点，另一个就是教会学生当面对价值冲突之时如何进行价值判断与行为选择。由此可以看出，辩论式教学的目标与价值澄清理论有些相似。

第二，价值澄清理论中有一种方法叫价值表填写法，就是教师将价值表分发给学生，针对其中有争议的价值冲突问题，学生与教师共同进行选择，然后依据价值澄清理论的相关评价步骤对这些问题进行评估判断，选择自己的立场，当表格填写完成之后，学生还要进行小组讨论，并发表自己的观点与想法。

第三，价值澄清理论中常用的方法是澄清应答法（也被称为谈话法），顾名思义，这种教学方法就是教师与学生之间进行对话，在对话之中表达出自己的立场与观点。使用这种方法的前提就是教师要营造一种比较和谐轻松的氛围，这样才能让学生放松身心，保持良好的心情。然后，教师要循循善诱，深入学生的内心，引导学生大方地说出自己的观点，并帮助学生对观点加以补充明确，帮助其将观点清晰化、具体化。在教师的引导之下，通过深入探讨、对话、辩论、交流再辩的方式，学生要对其观点进行认真反思，最后做出正确的价值判断与行为选择。

第三节　高校思想政治教育的功能分析

我们党和国家一直致力于培养高校学生成为有益于中国特色社会主义事业的人才，这也是新时代高校学生个人成长成才所必需的。随着社会不断地向前发展，在新的历史时代，高校学生被赋予了全新的历史使命，在这个背景下，高校学生要想应对新时代的要求，跟上时代的脚步，就必须改变自己的面貌，不断发展自己，以全新的形象和全新的行为去承担全新的历史责任。促进高校学生全面发展的重要手段就是高校对学生进行思想政治教育。只有通过思想政治教育，学生才能在纷繁复杂的社会环境中提高自己的思想素养，确立准确的人生目标，获取必要的前进动力，不断全面发展。

一、提升高校学生的精神层次

在中国特色社会主义伟大实践中，高校所培养的学生将成为未来的中坚力量，这是毋庸置疑的。因此，高校应该注重加强学生的思想政治教育，使其形成正确的人生观、价值观、世界观，养成良好品格，不断提高思想道德素养。只有这样，他们才能够在以后的工作中脚踏实地、实事求是、艰苦奋斗，并全心全意为人民服务，发挥模范带头作用。这意味着高校学生应该将追求共产主义信仰作为终生目标，积极付诸实践，依据其具体思想不懈地努力改造客观世界，使之成为一个更加美好的大同世界，同时也要不断改造主观世界，纠正自己的错误观念，形成正确的“三观”，提高自身的素养，成为共产主义理想和社会主义共同理想的坚定拥护者与积极实践者。类似于马克思在他的文章《青年在选择职业时的考虑》中所阐述的观点：“如果我们选择了最能为人类福利而劳动的职业，那么，重担就不能把我们压倒，因为这是为大家而献身。”①

作为青年中的中坚力量，高校学生应该把自己年轻的时光贡献给祖国的建设事业，投身于新时代中国特色社会主义的伟大实践之中。高校思想政治教育可以帮助高校学生学习共产主义信仰的理论知识，这有助于学生成长为有信仰、有价值观的人，提高学生的精神层次。高校学生在学习时期接受思想政治教育，就可以树立起更加坚定的共产主义信仰，并对共产主义事业保持坚定的信念并投身其中。在毕业后，即使从事普通的工作，他们往往也能够在日复一日的工作之中发

① 上海师范大学教育系．马克思恩格斯论教育 [M]．北京：人民教育出版社，1979.

表十分深刻的见解，也能为中国特色社会主义建设做出贡献，并发出年轻一代的时代呼声。

二、指明高校学生的发展方向

在高校之中，学生还未完全发展成熟，面对个人的未来发展，他们是充满迷茫的。高校思想政治教育能够为高校学生指明发展方向，帮助他们树立正确的“三观”，为学生实现个人理想与人生价值提供前进的方向。高校学生应该不断汲取知识，努力掌握技能，脚踏实地，认真学习，把握好人生中重要的机遇，不错过每一次提升自己的机会。同时，他们应该充分利用学校提供的思想政治理论课程平台，深入理解马克思主义的基本内涵，不断学习新知识，以确保自己在学习和掌握高校思想政治理论课程内容方面取得实实在在的成果，为自己的未来找到正确的发展方向。

三、使高校学生获取精神动力

目前，互联网技术飞速发展，互联网上信息众多、纷繁杂乱、良莠不齐，高校学生很容易被众多的信息淹没，从而受到一些不良价值观的影响。另外，随着我国的不断进步与发展，社会主要矛盾也发生了转变，一些别有用心的人不断地传播负面思潮，再加上社会中功利主义价值观的影响，高校学生面临着精神方面的挑战，一些价值观发展不全面的学生很可能被这些言论思想迷惑，从而丧失奋斗的信心。

如果高校学生的精神动力被抑制，就会对未来没有信心，也就难以实现个人理想。在面对此类情况时，高校必须不断尝试寻找有效的方法，让学生重新获得精神动力。高校学生应从共产主义信仰的内在力量中汲取力量，坚定信心。大学生用科学的态度对待共产主义思想，不断追求真理和探索其中的科学意义，从而获得精神动力，这种精神动力驱动着他们不断前进。同时，他们还在现实生活中对其进行实践验证，通过逐步实现具体目标来逐步实现最终理想。高校学生应该明确，在坚定共产主义信仰的道路上，学习和实践相辅相成。他们必须对其理论思想不断反思和体悟，并在实践中不断积累经验，不断提升精神实力，最终实现为国家和社会做出贡献的目标。

因此，高校需要加强思想政治教育，引导学生坚定信仰、增强自信，通过共产主义信仰的灌输和思想武装，激发学生奋斗的热情，为全面建设社会主义现代化国家和全面推进中华民族伟大复兴而不懈奋斗。

四、健全高校学生的人格

“人格是人类独有的、由先天获得的遗传素质与后天环境相互作用而形成的、能代表人类灵魂本质及个性特点的性格、气质、品德、品质、信仰、良心以及由此形成的尊严、魅力等。”[①] 人格就是个人的处世方式和心理态度，它是由个人的自我意识、成长经历、学习心得结合塑造而成的。它不仅受到个人的年龄与心智的影响，还受个人价值观的影响。人格服务于个人理想追求。高校思想政治教育能够健全高校学生的人格，因此，在高校学习时期，学生的人格得以健全发展。

对于个人来说，健全的人格体现为拥有崇高的道德，具有远大的理想和抱负，勇于担当，坚定不移、永不放弃，不断拼搏、不懈奋斗。作为一种科学的信仰体系，共产主义信仰拥有卓越的精神价值，能够激励人们达到崇高的精神境界，塑造和健全完整、高尚的人格。在现实生活中，高校学生如果缺乏完整的人格塑造，就会感到困惑和不知所措，陷入迷茫之中。但若高校学生坚守共产主义信仰，他们就会树立一个明确的人生目标，积极地热爱和探索生活，并且从生活中不断获得发展的动力。高校学生在接受思想政治教育并在不断实践的过程中塑造和健全着他们的人格。

第四节　高校思想政治教育的主要特点

一、个性化和共享性

（一）个性化特点

高校思想政治教育具有个性化的特点，正确认识该特点的内涵与构成，能够促使高校正视大数据时代下思想政治教育所面临的机遇和挑战，帮助其进一步改革创新、不断发展。下面针对高校思想政治教育个性化特点的内涵与构成展开简要分析。

---

① 吴国宝．陶博吾的“人格”境界 [J]．中国书法，2019 (15)：26-31．

1. 思想政治教育个性化特点的内涵

（1）个体、个性与个性化

要想研究思想政治教育个性化特点的内涵，首先必须了解个体、个性和个性化的内涵，并对此做阐释和辨析。

个体是一个兼具自然属性、社会属性和精神属性的有机统一体。个体的自然属性表现为其是一种自然存在物，有着自身的生理组织和生理结构特征，遵循个体身心发展的自然规律；个体的社会属性是其根本属性，表现为个体是社会中的个体、不能脱离社会单独存在、遵循社会和教育的客观规律；个体的精神属性表现为其具有主观能动性，以自然属性为基础并受到社会属性的制约。在社会生活中，个体之间存在着某种社会关系，共同组合在一起，就成为一个群体，群体与个体是相互依存、相互影响的。个体相互联结形成群体，这个群体就具备了一种强大的力量。群体所包含的这种力量并不是个体力量的简单相加，它与联结而成的这个群体的结构有关，如果整个结构是合理的，那么群体所包含的力量就会远远大于个体力量的相加之和；如果群体的结构是不合理的，那么群体所包含的力量就会小于个体的力量之和。相比起个体利益，我国的主流思想更加注重群体利益，当个人利益与群体利益发生冲突之时，那么个人利益应服从于群体利益。在当今社会，随着科技的进步，社会对于具有独立意识和创新精神的人才的需求量不断增大，人们的主体意识的觉醒与个体的发展也逐渐受到重视，个体的利益与成长得到越来越多的关注。

个性是个体的一种独特性表现。关于个性的具体解释，各个不同的学科都曾经对其进行了研究分析，尝试从本学科特色的基础上对其进行解释。从教育学的角度来看，个性是指一个人整体的精神面貌，它既可以外在地显现出来，又可以蕴含于内里之中，是一种与其他人相异的一种特质。个性的外在表现就是指一个人在言语、行为、情感等方面的展现形式，个性的内在表现就是指一个人在性格、兴趣、意识、能力等方面的展现形式。从心理学的角度来看，个性就是指相对稳定的、能够与他人相区分的、能够影响人的外显和内隐行为模式的心理特征的总和。马克思对个性的理解是建立在人学的角度基础之上的，在他看来，个性就是指一个人的“个体特性”，包含了十分丰富的内容，如个人的独特性、唯一性、独立自主性、能动创造性等。

个性与共性是相对而言的，在一定情况下，共性与个性可以相互转化。毛泽东在《矛盾论》中曾经论证了矛盾的普遍性与特殊性的辩证关系，由此使得共性与个性的相互关系得以揭示。个性是指与其他事物相区别的个别的、特殊的矛盾。

共性寓于个性之中，个性同时又会受到共性的制约，当达成特殊条件之时，二者便可以相互转化。

个性化，由名词“个性”之后添加了一个“化”字，就是“使变得具有个性”的意思。个性化是一种过程，它是指从群体中凸显出个体，并促使其形成鲜明个性的过程。个性化过程主要可分为两种，一种是使个体具有稳定的个性特征与个性心理趋势，一种是对个体的个性的培养与形成过程，这两种过程分别是个体的个性的呈现与构建过程。个体通过呈现个性与构建个性的过程的不断循环发展，最终形成一种比较稳定的个性。个体与群体是相对的，个性与共性是相对的，个性化与大众化也是相对的，个性化是在大众化基础上的独特性的增加，与众不同，别具一格。同理，个性化与大众化也是相互依存的关系，大众化寓于个性化中，个性化受到大众化的制约。

个性化教育可以有两种理解，它可以指一种呈现个性和构建个性的教育活动，也可以指一种尊重个性和发展个性的教育思想。

下面对个性化教育的相关理论展开论述。

第一，个性化教育与孔子所提出的因材施教理论有关。针对“仁”的问题，孔子给了颜回与子贡两个不同的回答，即“克己复礼为仁”和“己欲立而立人，己欲达而达人”。因材施教就是依据学生的差异对其展开不同的教育。在教学之中，孔子通常会依据学生的性格、兴趣、能力等多个方面展开分析，然后有针对性地对其展开教育。从春秋时候起，孔子便提出了因材施教的理论，个性化教育是对其的继承与发展。

第二，个性化教育与马克思主义的人民观有关。马克思始终坚持群众观点，坚持从群众中来、到群众中去。他始终坚持人民群众始终是实践的主体，是历史的创造者。坚持以人民为中心，坚持一切为了人民、一切依靠人民，发展成果由人民共享。要关注到每一个人，依靠并相信每一个人，使每一个人能够共享改革发展成果。个性化教育就是以人民的需要为中心，落实到每一个人，并落细、落实，尊重和实现每个人的个性发展和成长。

个体、个性和个性化之间是相互联系的。个体是个性和个性化存在的前提和基础，有了个体才有了个性以及个性化。个体都是有个性的，人与人之间相互区别的基础就是个性的差别，个性的差别是个性存在的标志，对于个体来说，个性是其独特性的表现。个性化就是个体呈现个性以及构建个性的过程。

个性教育、个性化教育、个别化教育虽然看上去有些类似，但是它们所指代的内容并不是相同的，存在着一些差别。目前，一些学者对于个性教育、个性化教育、个别化教育的理解存在两方面的误区。下面针对这两方面误区进行简要分析。

第一，个性教育不等于个性化教育。相比起个性教育，个性化教育的内涵更加广泛，其教育指导意义也更加深刻。对于不同的人来说，他们有着不同的个性，不同的人的个性具有天然差异性，个性教育是以受教育者的个性差异为基础的，其最终目的是充分发展受教育者的个性。个性化教育是指在尊重和发现受教育者的个性差异的基础上，强调要对受教育者给予后天的教育和培养，其目的是促使他们形成优良个性，推动个体的生命独特发展。另外，个性教育往往十分强调受教育者的个性发展，对于共性的培育则比较忽视，受教育者长期受到这样的思想教育，很容易忽视共性培育，不利于其全面发展，甚至受教育者有可能会产生个人主义思想，不利于其思想的正常健康发展。个性化教育尊重受教育者的个性差异，并且在这个前提下不断促进受教育者自由全面发展。

第二，个性化教育不等同于个别化教育，也不等同于“一对一”教育，这些教育观点都是片面的。个别化教育的目的是提高学生的学习成绩，而不是促进学生的个性发展，它仍然是应试教育的一种教育观点。由于学校大班教学存在着一定的缺陷，为了确保学生的学习成绩能够提高，这种个别化的辅导教育方式才被提出。相比起个别化教育，个性化教育尊重受教育的个性差异，在对其兴趣、爱好、需要等充分细致了解的基础上，对受教育者展开针对性教学，对学生的个性进行发展和优化，不断推动其自由而充分的发展。

（2）思想政治教育的个性化特点

思想政治教育具有个性化特点，在教育过程中，它始终遵循着人文关怀和因材施教的教育理念，尊重受教育者的差异性和多样性，始终以教育对象为本，并在此基础上，依据受教育者的不同，采用个性化的教学方式对其展开针对性教育，不断发挥受教育者的主动性和积极性，挖掘其真正的潜能，促进其全面和谐发展。

随着互联网技术的发展，个性化教学的时代来临了。在网络环境下，思想政治教育的个性化特点也越来越明显地显现出来，被越来越多的专家学者接受。思想政治教育的个性化特征主要体现在三个方面，即尊重个体的主体性作用，满足个体的差异性需要以及促进个体的个性化发展。

第一，尊重个体的主体性作用。人具有主体性，有自己的意识，能够根据自己的意识去支配自己的行为，这也是人与动物最大的区别。在思想政治教育过程中，要尊重个体的主体地位，尊重个体的主体性作用，依据个体的思想道德实际，充分调动个体的主观能动性，使之能够对外界的环境与事物做出自己的独立的分析和判断，对自己的思想和行为负责。思想政治教育的个性化特征注重引导个体的主体性发展，鼓励个体自觉进行个性化学习，促进个体个性的形成与品质的提升，促进个体自由全面的发展。在接受思想政治教育过程中，个体属于客体，但是随着时间的推移，在不远的将来，个体就成了建设社会的主体，要想使其承担起对未来的责任，思想政治教育就要激发个体的主体意识。

第二，满足个体的差异性需要。人与人是不同的，世界上没有完全相同的两个个体。个体间的差异性是由个体的属性所决定的，其中包括自然属性、精神属性以及社会属性。思想政治教育个性化特征尊重个体之间的差异性，能够把握个体的独特性，并依据不同个体的个性特点和需要制定个性化的教育目标、教育内容与教育方法，满足个体的差异性需要，对其进行个性化思想政治教育。

第三，促进个体的个性化发展。个体有着无限的潜能，思想政治教育要在尊重个体差异的基础上，依据个体的兴趣、个性、发展需要等为其提供合适的教学方法与内容，不断挖掘个体的潜能，促进个体最大限度地发挥其潜能，促使个体形成良好的个性，实现个体的自由全面发展，这是思想政治教育过程的具体表现，其最终目的就是促进个体的个性化发展。在马克思看来，人的发展与社会的关系分为三个形态，即人的依赖性社会、物的依赖性社会、人的自由全面发展社会。思想政治个性化教育塑造个体，它不仅促进个体的个性化发展，而且由此为社会培养能够适应社会发展需要的人才，这些人才往往有个性、有独立的人格、有创新的精神，能够更好地服务社会。

2. 思想政治教育个性化特点的构成

(1) 人性化关怀原则

“以人为本”是人性化关怀原则的基本思想。人性化关怀原则主要有两方面的解释。一方面，高校思想政治教育的人性化关怀原则体现在教育的全过程之中，如教育管理制度制定、教育方法选择、教育内容设置等，通过对教育对象的个性、兴趣、能力等多方面的差异进行分析，可以对不同的教育对象选择有针对性的教学方法，制定与其个性相符的教学内容，不断激发其主动性，促进其个性发展；另一方面，主要是指要尊重和关怀每一个学生，同时要对学生进行全面的关怀，不能只注重一个方面。在传统的思想政治教育中，教育对象的个性发展被忽视，它往往只关注教育的集体性、思想性与政治性，没有展现出人性化关怀的原则。个性化思想政治教育尊重并关注每一个教育对象，尊重其个体差异，尊重教育对象的生理、心理、学习、情感、生活等多个方面，并不断分析其个体的需求与潜能，推动其不断地向前发展。

（2）主体化教育要求

主体化教育要求是指，在高校思想政治教育过程中要关心每一个教育个体，要“以教育对象为中心”，尊重教育对象的主体意识，要考虑到教育对象的主观感受，增强他们学习的积极主动性，使他们能够自发地接纳个性化学习，积极思考，不断提高自身的思想修养与品质。传统的思想政治教育通常采取大班教学的方式，学生聚集在一个大的教室中接受教师的灌输式教学内容，这是统一性的教育，这种传统的思想政治教育往往比较注重整体性和统一性，缺乏对教育对象主体性地位的关注，教育对象往往是被动参与的。这种单向性的灌输教育方式虽然可以缓解国家教育资源紧张的压力，对于思想道德教育和国家意识形态的实施有一定的帮助，但是对于教育对象来说，他们的主观能动性不能被很好地调动起来，不利于他们提高主体意识，会抑制他们的个性发展。这种做法不利于创造性人才的培养。随着知识经济以及网络信息技术的不断发展，个性化思想政治教育越来越受到人们的重视与关注，在这个背景之下，教育工作者和受教育者之间应相互尊重、加强互动、平等交流。同时，教育工作者也应该重视每一个受教育者的个体差异，主动倾听，双方相互学习。尽管教育工作者和受教育者都是教育的重要组成部分，但是在教育过程中，教育工作者始终扮演主导角色，这是因为在教学中教育工作者往往具备丰富的教学经验和知识。在思想政治教育过程中，教育工作者应该采用有针对性的教育方法，对学生进行个性化教育，唤醒学生的主体性意识，并促使他们积极主动地参与到学习之中，促进其发展。

（3）分众化传播方法

大众化传播是指社会媒介组织借助各种大众化传播媒介（报纸、广播、电视、网络等）向社会大众公开地传递各种信息的过程。分众化传播与大众化传播恰好相对应，它是运用网络新媒体实现传播的方式，它能够为不同的受众群体提供针对性强、定制化的信息和服务，以满足他们独特的需求和兴趣。分众化传播方法更加注重受众的个性化。这种方法能够更好地满足受教育者的个性化需求，它采用实事求是的原则，并将其贯彻到思想政治教育方法中。思想政治教育采用多种多样的教学方式和方法。例如，思想政治教育的教学方式有将传统方式与技术手段相结合的教学方式、线上教学与线下教学同步进行的教学方式、将理论和实践有机地结合在一起并同步开展的教学方式等；思想政治教育的方法有自我教育法、比较教育法、典型教育法、榜样示范法、情感激励法等。思想政治教育的教学方式和方法的多样性为其分众化传播奠定了基础。思想政治教育的分众化传播方法实现了针对不同教育对象的个性教育，它为不同的教育对象选择适应其个性的教育方法，使得教育过程具有因材施教的特点，能够激发学习者的主动性，从而提高了思想政治教育的吸引力和影响力。

(4) 精准化过程管理

在思想政治教育的全过程中，无论是个性化教育目标的制定，还是个性化教育方法、教育内容的选择，抑或教学效果的评价方面，教育工作者都必须进行精准化教育过程管理，精准化对待每个教育对象。在传统的思想政治教育中，高校往往制定统一的教育目标、教学方法、教学内容等，而且通常是由教育工作者凭经验和主观感受来确定的，在整个教学过程中忽略了学生的主体意识，同时也缺乏具体的针对性，因此教育效果不尽如人意。在思想政治教育过程中进行精细化过程管理可以为受教育者提供精准指导，帮助他们解决心理和生活方面的问题，满足个性化的需求，推动他们个性化发展和健康成长。

（二）共享性特点

1. 思想政治教育共享性的内涵

(1) 共识、共治和共享

共识、共治和共享三个词语看起来很相似，其核心是“共”，三者之间是相辅相成、有机统一的关系，它们实现了态度、责任和利益的动态平衡，但是它们所表示的意思还是有区别的。厘清三者之间的关系，有助于理解思想政治教育的共享性。

在《现代汉语词典》中，共识是指“共同的认识”，表现为人们在价值观念、信念和规范准则等方面所共有的认识。共识通常指人们针对某个问题或者某种现象有着共同的看法或认知，它是建立在每个社会成员的不同社会经验存在差异和分歧的基础上，然后互相之间通过对这些差异与分歧进行理解而形成的。随着时间的推移和信息技术的进步，人们获取信息的来源变得越来越多，接触到的各种思想观念也变得越来越丰富，人们的价值观也变得更加多元化。人们的利益诉求不同，矛盾日益凸显，难以达成共识。如果人们各行其是，在自己的角度上考虑问题，不考虑他人与集体，没有达成普遍一致的共识，那么很难有效地平衡社会责任和经济利益，进而导致改革难以顺利向前推进。明显地，建立共识非常关键。面对同一事物或现象，不同的个体之间有着不同的看法与见解，这些看法与见解虽然有许多差异，但是这种差异中往往会有一些共性或者是交叉的认同。另外，需要注意的是，人们在形成其思想观念时会受到利益的影响，共识和利益之间存在内在统一性，只有在根本利益一致的基础上，才能形成共识。

共治即共同参与治理，此理念充分整合了协同治理的主要理念精髓。共治旨在解决复杂的社会问题，并鼓励多元治理主体共治、共建、共享。第一，从总体格局来说，共治的目标是建立一种截然不同的新型的治理体系，其中有多个不同的主体共同参与。在大数据时代，网络空间变得更加复杂和多样化，网络来源的消息真假难辨，加之监管不足等问题，这时候就需要各方共同努力，实现多方合作以达到共治的目的。第二，从主观意愿来说，共治并不是强制参与，它注重主体的自觉和自愿参与。第三，从实现动力来说，要实现真正的共治，就要促使人们广泛参与其中，建立多方位、多元化的共治参与渠道与机制，只要人们参与到社会治理之中，就能形成社会治理的合力，共同促进社会的发展。

共享是指将一样东西的使用权分享给别人，多个人分享和共同使用相同的资源，旨在提高资源的利用效率和降低资源的浪费。关于共享的性质特点，可以进行简单分析。第一，共享是客观性的，它不会受到个人意志的影响，由人类社会的本质决定。第二，共享是全员性的，它针对的是整个社会的全体成员。第三，共享是全面性的，它并不单单指某一个领域或者某一个方面，而是全面的，共享的目的就是促进人的全面发展。第四，共享是实践性的，它不仅仅是一种理念或思想，也是一种行为。

如果想要达成共识，那么必须确保各方得到相应的利益，也就是说，共识的前提是利益共享。同时，只有在各方达成共识的基础上，才能有效避免由利益诉求和价值观念的差异所导致的不同主体之间的冲突发生，从而在新的历史时代背景下，更好地实现共治、共享的社会治理格局。共治最终是为了实现共享。共治是从客体向度出发的共享形式，而共享则是从主体向度出发，需要人们的共同推进。若想提高社会治理水准，实现真正的共识、共享、共治，则必须坚守一个必要的原则，即以共识为基础、共治为关键、共享为目标，在这个原则的基础上，大家共同参与到社会治理之中，逐步形成社会共识，共同承担责任，并共享成果。

（2）思想政治教育共享性的特点

在共识、共治、共享等理念的指引下，思想政治教育凝聚主客体思想共识、整合各种要素资源、促进过程共治和成果共享。这样一种理念就是思想政治教育的共享理念，这样一种特征就是思想政治教育的共享性特征。思想政治教育的共享性是指在思想政治教育过程中，主体与客体之间通过目标共识、平台共建、资源共享、过程互动等要素协同，达到育人效果最佳的一种教育特征。在思想政治教育系统中，共享性表现为以下四个层次。

第一，不同主体之间的协同性共享。高校思想政治教育要实现的根本任务就是“立德树人”，提高学生的思想素养。通常情况下，要实现“立德树人”的根本任务，不能只依靠单一的主体，必须全员参与其中，高校、社会、教育部门、国家等多元主体要共同进行思政育人，构建起全员育人的格局，形成育人合力，促进在平台、资源、过程等多个方面的资源共享。

第二，主客体之间的互动性共享。在思想政治教育过程中，主体、客体之间并不是毫无交流的，无论是主体与客体，还是客体与客体、主体与主体，都在不断地进行各种知识、信息、精神等的传播与交流。思想政治教育具有共享性，思想政治教育过程就是主客体之间互动性共享的过程，是教育对话、人际互动的过程。

第三，同一思想政治教育过程的系统性共享。在特定时空环境中，思想政治教育主客体之间的资源共享、平台共建等是系统的、整体的，而不是零散的、单一孤立的。

第四，不同思想政治教育过程的开放性共享。思想政治教育过程是一个开放共享的过程。在此过程中，教育参与者在不同时空、不同系统之间进行的纵向和横向的交流与共享是在过程的开放性共享中完成的。

2. 思想政治教育共享性的表现形式

思想政治教育共享性的表现形式主要可分为六个方面，下面进行简要分析。

(1) 多元主体的协同性

在高校思想政治教育过程中，共享的主体不是单一的，而是包括思想政治教育成果的创造者，即全体社会成员的。这些多元主体在高校思想政治教育过程中相互合作与协调，即不同主体基于“立德树人”的共同目标，根据客观条件、具体任务等变化建立党委统一领导、部门分工负责、全员协同参与的责任体系，进而共同协作，产生新的协同效应。在思想政治教育过程中，多元主体的协同共享主要表现为在目标共识、平台共建、资源共享、过程互动等方面的调整优化，努力打破各个主体各自为营、分散僵化的局面，消弭主体间的多重壁垒，让不同的主体在不同的阶段发挥不同的作用。

(2) 过程参与的交互性

思想政治教育共享性的一个表现形式就是过程参与的交互性。共享是发生在一定的社会关系之中的，参与是共享的逻辑起点，人在这个特定的社会关系之中进行交流与互动，这就是过程参与的交互性。在思想政治教育之中，只有教育主客体都参与到其中，才能实现共享。在这个过程中，教育主体与客体之间相互进行沟通、合作与交流，展现出思想政治教育过程参与的交互性的本质。传统的思想政治教育往往会忽视这种交互化的本质，认为思想政治教育就是教育工作者提供知识、受教育者被动接受知识的单向传播过程，这种想法自然是不对的。实际上，思想政治教育是一个双向互动的过程，是教育工作者与受教育者之间的精神交流过程，也是教育工作者进行价值引导、受教育者依据其引导展开主体建构的过程。

(3) 方式和方法的借鉴性

在思想政治教育中，通常情况下，受教育者的内心想法和需求往往不太显露，表现得较为内隐。为了提高思想政治教育工作的效果，教育工作者会对不同的教学方法展开探讨和比较，并进行经验分享和相互学习，从而选择出最适合受教育者特点和需求的教学方法。

(4) 网络环境的开放性

如今，随着互联网技术的逐渐发展，各种问题都可以在互联网上找到答案，各种活动也可以在互联网上开展。网络环境是虚拟的、开放的，在网络环境中对学生进行思想政治教育，不仅仅是信息资源的开放，也是思想的开放。思想政治教育是一个共享的过程，也是一个开放的过程，网络环境为思想政治教育提供了多方面的优良条件，如平台共建、资源共享、过程共享等。在大数据时代，高校可以利用网络资源丰富、更新快等优势，为思想政治教育提供有利的条件。在开放共享的网络环境中，高校可以迅速向教育对象传达主流意识形态和思想，以发挥其教育功能。在网络环境中，教育被赋予了脱离时空限制的能力，无论何时何地，教育的主体与客体都可以实现全面的交流，互相分享丰富的信息资源，这使得思想政治教育的信息可以更迅速地传播，并且更有效地共享。

(5) 资源利用的系统性

思想政治教育是教育主体与客体之间共享理论、意义、精神等方面资源的过程。通过共享，资源能够得到全方位、系统的整合与利用，发挥其最大价值。在思想政治教育过程中，教育工作者与受教育者不断地交换、共享信息资源，这也促使资源利用不断地呈现出系统性特征。在思想政治教育资源利用过程中，资源利用的系统性能够将学校、教育和社会中的独立系统进行整合，解决资源的不均衡分配状况，实现优质教育资源的共享和合理分配，进一步推进资源的整合和结构的优化。在这个基础上，对于那些需要教育资源的人来说，他们就可以通过信息技术获取所需的教学课程和教师资源，以此最大化地利用教育资源。

（6）育人成效的扩散性

思想政治教育的共享性还表现在育人成效的扩散性方面，判断思想政治教育的效果和目标是否实现，以及是否有利于人类的全面发展和社会的全面进步，可以看思想政治方面的相关理论思想是否在更广泛的范围内被分享和宣传。高校的思想政治教育是教育工作者在一定时间内采用特定的载体方式，向大学生传播马克思主义政治观点和道德理念、推广马克思主义中国化理论成果，以达到育人目的的过程。

二、客观性和主观性统一

思想政治教育的客观性，是指其教学内容来自思想政治课程所研究的特殊领域的教学实践（包括具体的课堂理论教学和实践教学），并且其所固有的本质和规律不以教育工作者的主观意志为转移。思想政治教育是教学实践活动的本质和规律的反映，它具有客观性。

在研究理论问题时，我们需要充分调动人的主观能动性。人们利用主观性将思想政治理论课教学研究领域产生的具有客观实在性的原材料进行加工制造，从而形成了思想政治教育教学内容。这种加工制作过程通过人脑对客观实在进行理性的创造活动，使其在表现形式上具有主观性。

思想政治教育是客观内容与主观形式的辩证统一，它是对思想政治教育教学实践活动中的各种现象之间的关系，以及教学的特性、教学方面的一般概念的概括和反映。思想政治教育客观性与主观性的统一体现在两个方面：一方面，其内容来源是客观的，不能离开客观实在性；另一方面，从形式上来说它是主观的，它是内容这一客观存在的反映形式，人们通过自身的主观能动性对教学实践的具体内容进行能动的思考，并进行能动的反映和改造。

就如我们在讨论教学问题时，不能把教学内容和反映形式割裂开来。只承认教学的主观性或者只承认其客观性都是片面的、错误的，高校思想政治教育是主观性和客观性的统一。

三、实践性和认识性统一

从本质上来说，高校思想政治教育就是教师与学生之间不断实践—提高认识—用认识指导实践—得出新的认识的过程。

思想政治教育具有实践性和认识性相统一的特点，它是教学实践活动与理性认识活动的双重产物。随着思想政治教育实践活动的内容越来越丰富、形式越来越多样、层次越来越深入，揭示思想政治教育各种现象的内部的、本质的联系将更深入，从而形成更深刻、更精确、更科学的体系。

四、绝对的科学性和相对的利益性统一

思想政治教育通过教学实践活动培养学生全面发展的综合能力。思想政治教育就是遵循让社会成员的能力得到充分发挥这一观念展开教学活动的，以期通过教学活动使学生的素质得到最大化的提升。社会的发展及其实践活动都需要理论的指导，理论是发展的动力；缺乏理论指导的实践都是无意识的、盲目的，都是无法前进发展的。社会的发展改革只有在科学的理论指导下才能得以实现。马克思主义理论是被实践反复检验过的科学的、正确的理论，是人们认识世界和改造世界的重要武器。思想政治教育教学实践活动以马克思主义理论为基础，向学生传递其价值体系、立场、观点等，其教学体系就是在马克思主义理论的指导下构建而成的。在任何历史时期和任何政治体制下，普遍性都是思想政治教育教学实践活动的特殊矛盾运动及其本质规律的一个基本特征。所以，客观性和科学性就构成了思想政治教育的基本特点。思想政治教育的科学性是绝对的，这一教学实践在一定的具体条件下具有相对稳定性。辩证唯物主义强调，要承认真理的客观性和绝对性，且真理正确揭露了客观物质的本质和规律。因此，承认思想政治教育的客观性就是承认它具有绝对性。

思想政治教育的利益性源于其本身所具有的阶级性和意识形态性。其具体目标和服务对象是由统治阶级的阶级性质和立场决定的。马克思主义认为，全心全意实现最广大人民群众的根本利益就是马克思主义政党应有的鲜明政治立场。毋庸置疑，为无产阶级政党和广大人民群众服务是社会主义国家思想政治教育的宗旨。

第二章　高校思想政治教育的发展

本章简述了高校思想政治教育的发展，主要包括三方面内容，分别是高校思想政治教育的发展现状、高校思想政治教育的当代化转型、高校思想政治教育立体化模式分析。

第一节　高校思想政治教育的发展现状

一、高校学生思想政治教育现状

目前，思想政治教育越来越受到各大高校的重视与关注，对于年轻的大学生来说，诚实正直、勤俭节约、助人为乐等都是永恒不变的主题，他们必须深入理解思想政治教育的相关知识内容，确定前进方向，树立远大理想，立志投身于中国特色社会主义伟大实践之中，为国家和社会做出应有的贡献。

在高校教育阶段，思想政治教育已经成为必不可少的课程内容，各个高校都开展了思想政治教育的必修课。思想政治教育通过对学生进行知、情、意、行等方面的教育，不断推动其最终目标的实现。思想政治教育的本质就是培养教育对象，使其能够遵守社会秩序，具备符合社会规范的道德品质。

关于思想政治教育，高校在其中发挥着十分重要的作用，不仅通过思想政治理论课对学生进行思想政治教育，同时，学校环境所产生的潜在影响对思想政治教育和教学也具有至关重要的作用。

在实践之中，有一些学校没有明确划分道德教育与思想政治教育。二者的内涵有些相似，存在交集和重叠的部分。实际上，道德教育与思想政治教育在内涵上也存在一些区别，这需要高校加以明确。相比道德教育来说，思想政治教育的政治倾向性更高一些。道德教育的核心内容就是思想道德方面的教育，而思想政治教育除了思想道德方面的教育，还涉及政治背景与特定的阶级，要培养学生的爱国主义精神、集体主体精神、民主与法治精神等，另外，还要多加关注学生的心理健康。

目前，在高校之中，思想政治教育是必备内容。要实现思想品德教育，进行思想政治教育是重要途径之一。要在高等教育中有效地实施思想政治教育，需要确立相应的规范标准，以统一和规范学生在情感、态度、价值观、知识目标以及能力等方面的表现。在对高校学生进行思想政治教育之时，需要以学生的身体特点、思想状况以及学习习惯为基础，促进学生身心健康，引导教育方式更加注重学生情感、态度和价值观的有机融合，从而实现传统思想向新型教育思想的转变。

文化的传播需要借助一定的载体，思想政治教育也不例外，高校思想政治教育的实现同样需要借助一定的载体。载体是指能够传递和承载信息的物质。载体原本属于自然科学以及传播学中所研究的内容，后来，社会科学研究中引入了自然科学思想的部分理念，其中包括概念“载体”的应用。在高校的思想政治教育领域中，要想提高学生的思想素养，为社会主义事业培养真正的建设者和接班人，使学生投身于社会主义伟大实践活动中，就必须借助载体，通过对载体的广泛研究应用来实现。为了实现思想政治教育的目标，需要采取一系列的行动，这些活动就是思想政治教育的载体。例如，在课堂上讲授思想政治教育理论知识，去校外看望孤寡老人，举办校园思想政治教育相关知识竞赛等。

自思想政治教育学诞生以来，无数的专家学者对其展开研究，也有数不清的人参与到具体实践之中。根据思想政治教育学的发展历史和研究重点，可以将其分为两个阶段，下面分别对这两个发展阶段进行简要分析。

20 世纪 80 年代末，思想政治教育学在国内兴起。在这个背景之下，国内对思想政治教育的认知还较为新生，对于思想政治教育的理论研究也比较少，大多是自发研究，不成体系，并且对于思想政治教育的载体没有十分明确的概念。20 世纪 80 年代末到 20 世纪 90 年代初期，是国内思想政治教育学的第一个发展阶段。

从 20 世纪 90 年代晚期开始，国内关于思想政治教育的理论研究越来越多，研究得越来越深入。在这一时期，国内的众多学者开始逐渐关注起载体问题，并且对其关注度也越来越高。林群和张澎军在梳理前人研究的基础上对这一概念进行了比较详细的阐述，成为关于思想政治教育载体的重要理论研究[①]。贺才乐和张凯则从辩证的角度探讨思想和载体，从历史的角度对比了国内外关于思想政治教

① 林群，张澎军．德性修养：人类文化精神的灵魂 [J]．新长征，2002 (5)：28–29.

育载体的相关理论，从更加宏观的视角去看待思想政治教育载体的作用，从人类社会发展的角度梳理思想政治教育载体在不同阶段扮演的角色，通过纵向和横向的比较，体现了载体的发展历程，并且在比较中明确了载体的特征，这对确定“载体”这一概念的外延和内涵有突出贡献①。随着互联网技术的广泛应用和普及，信息化时代已经来临，人们的生活方式与交流方式在慢慢地改变。在这种时代背景下，学生所接触的信息变得更加丰富多样，覆盖范围也更加广泛。学生不必只是学习教材或者听从教师在课堂上的讲述，他们可以借助越来越便利的方式来查询自己想要了解的各种信息。由于交流渠道的不断扩大，学生的了解来源也变得更加多元化。思想政治教育载体的内涵与外延已经与以往有了明显区别，周晓欣和张宁研究了微信在现代思想政治教育中的作用，认为微信已经成为新的教育载体，这种新的载体突破了传统教育载体的限制，让思想政治教育变得更加具有时效性，而且开始打破时空的限制②。

二、高校思想政治教育发展的限制因素

（一）主客体媒介素养问题的限制

1. 教育主体媒介素养能力不足

随着全媒体时代的到来，传统的思想政治教育授课模式已经过时，必须探索新的授课模式。但是，一些高校的思想政治教育工作者存在着媒介素养能力不足的问题，他们对于社会生活中的各种媒介应用不多，对各种媒介的特点与理论知识掌握得也不够全面，无法将思想政治教育的内容与新媒体技术相结合，也无法将传统教育模式与当前的先进教育模式相融合。而且，在全媒体时代，学生获取信息的渠道变得越来越广泛，有时候学生已经有所了解思想政治教育工作者所要教授给学生的知识，但是学生所熟悉或了解的思维与网络术语等，思想政治教育工作者可能不了解，这时候就会出现一种比较尴尬的局面，不利于思想政治教育工作者发挥主导作用，导致其话语权被弱化。一些教师试图在思想政治教育中采用媒介技术，但大多数教师仅仅将媒介多样化传播手段作为思想政治教育的工具，没有认识到媒介素养本身也是一种素质教育，忽略了其重要性。思想政治教育工作者缺

---

① 贺才乐，张凯．日本孝德教育内容及其对中国的启示［J］．广西教育学院学报，2018（5）：104—107．

② 周晓欣，张宁．“微时代”以微信为载体的思想政治教育探究［J］．教学与管理，2020（6）：107—109．

乏媒介素养意识和能力主要是出于以下几个方面的原因，下面进行简单分析。

第一，教育工作者媒介素养的内容体系缺乏针对性。在信息爆炸式传播的全媒体时代，部分教育工作者对媒介专业知识与相关理论的学习与研究不够深入，对媒介缺乏一定的关注度与敏感度，对信息内容的了解相对缺乏，媒介应用能力相对较弱。教育工作者更多的只是被动地传播信息，并未将自己的教育工作与媒介素养教育有效结合。

第二，媒介素养教育的管理与协调机制不完善。教育工作者的媒介素养提升与学校以及教育部门的支持、合作是密不可分的。学校、社会以及相关教育机构、部门都是教育工作者媒介素养提升的重要影响因素，对教育工作者媒介素养的培养与整体发展都具有重要的作用。部分高校与管理者在媒介素养教育体系建设中缺乏切实可行的文件与方案，在实施教学的过程中缺乏有效的指导，并且在组织课程教学与进行课后反馈评价时，关于媒介素养的内容有一定空缺，关于媒介素养的课程规划与管理体系也存在不足。

第三，一些高校在媒介硬件方面投入很多，使其能够符合要求、趋于完善，但是在资源配置的合理性以及有效利用校外资源方面仍有待加强。因此，学校应当加强部门间的协同合作，合理分配和利用资源，使各个部门都能够发挥最大化的效用，并不断完善人才培养体系。

2. 教育客体有效的媒介素养教育不足

目前，在我国高校思想政治教育过程中还存在着教育客体有效的媒介素养教育不足的问题。随着各种媒介深入人们的社会生活中，人们能够接收到越来越多的知识、信息，但是这些信息良莠不齐、真假难辨。如果大学生长期接收一些负面的媒介信息，很容易就会在内心深处受到潜移默化的影响，在此情形下，他们的内在世界可能会受到严重冲击，可能会表现出自我迷失、盲从等行为，从而不利于其正确的道德观念、法治观念以及政治信仰的形成。目前，随着各个国家之间的交流日益加深，以及市场经济的快速发展，媒体呈现多样化和自由化的发展趋势，因此，一些大学生正面临一些危机，如缺乏社会责任感、价值观偏移等，亟须高校思想政治教育的规范引导。此外，在复杂的环境中，大学生如果受到不良环境的影响，他们的内在心理需求可能就会慢慢发生变化，内心会出现很多困惑。大学生对外界充满好奇并渴望获取信息和力量，他们希望采取特定的方式来获得认可，并由此释放在成长环境中承受的压力。网络是大学生可以在其中自由自在地表达自己、无须担心世俗偏见的空间。他们可以在这里与其他人分享人生经验，从而获得个人满足感。他们可以进入网络世界浏览新闻、观看直播等，以满足他们的求知欲。一些大学生会选择在网上冲浪来获得暂时的满足和自由的感觉，以寻求对自身价值的认可。尽管媒体可以满足大学生的心理需求，但我们需要考虑这些需求的合理性和对身心健康的影响。大学生出现上述现象的根本原因在于他们的媒介素养能力有限，没有接受充足和有效的媒介素养教育。这种情况出现的原因主要有以下几点，下面进行简要分析。

第一，一些高校思想政治教育工作者没有充分重视对大学生媒介素养的教育。对于高校大学生来说，媒介素养至关重要，如果高校教育工作者没有深刻的媒介认识，对其不重视，那么自然就会影响到学生，学生也会认为其不重要，从而无法提升媒介素养。一些教育工作者对于媒介素养的认识比较落后，他们的认知仅仅停留在表面，如用演示文稿代替板书、播放视频和音频等。他们经常采取漠不关心或消极对待的态度面对多元化的媒介技术、传播途径以及内容和方式的变化。倘若这种状况持续下去，教育工作者对于媒介的消极态度将会进一步加深，大学生也会对媒介素养相关教育表现出消极和不耐烦的情绪，从而不利于其媒介素养的提高。

第二，高校缺少媒介素养的相关课程。一些高校对于媒介素养的知识了解不多，所开设的媒介素养教育课程比较少，没有形成完整的媒介素养课程与学科体系，并且课程设置和应用范围相对比较小，也不深入，这就导致一些学生的媒介素养意识相对较低，对媒介素养的理解也十分有限。随着全媒体时代的到来，高校应该将媒介素养教育视为一项重要的思想政治教育内容，并将其纳入课堂理论学习当中，以推动教育的不断创新和发展。

第三，高校缺乏媒介素养教育的相关实践交流平台。一些高校在媒介素养教育方面并未创建多样化的媒介素养资源共享平台，不利于学生进行资源共享与学习。一些高校虽然建设了这个平台，但往往形式单一，缺乏创新性与针对性。这个有关媒介素养的相关平台，除了要具有交流与组织活动的相关功能，还要具有学习的功能，要能够有效提高学生的学习效率。还有一些高校建立了媒介素养的相关实践交流平台，却没有充分利用起来，没有借助平台优势更加有效地进行信息的传播，从而影响了学生全方位的交流和学习。

（二）传统教育载体的限制

目前，随着科学技术的飞速发展，媒介技术被广泛应用，这给人们带来了很多便利，人们越来越渴望高品质的生活。同时，为了满足更多人的发展需求，思想政治教育载体的形式也在不断丰富和变化。作为思想政治教育理论的传递者，随着时代的发展与进步，思想政治教育载体的形式根据不断变化的时代需求和具体实践在不断创新发展。传统教育载体在不断创新发展的过程中遇到了一些阻碍，也遇到了很多困难。下面针对传统教育载体的限制进行简要叙述分析。

1. 教育工作者的思维理念创新性不足

由于高校之中一些思想政治教育工作者的思维理念创新性不足，在探索与创新思想政治教育载体方面，一些高校遇到了许多困难，阻碍了它们在传统教育载体革新方面的进展。在今天全媒体快速发展的背景下，创新的思维和理念十分重要，高校在思想政治教育中要增强网络意识，摆脱过去传统思维模式的束缚，采用互联网思维方式加以探索发展与创新。不过，在进行高校思想政治教育时，仍有一些教育工作者占据绝对主导地位，忽略学生的主体性，始终坚持采用传统的单向灌输方式进行授课，始终坚持以课堂为核心、以教师为主体的教育理念。这些教育工作者缺乏探索全媒体时代高校思想政治教育环境变化和发展方向的能力，因此，他们还无法在全媒体环境下真正拥抱互联网。

2. 传统教育载体和全媒体的融合不足

在高校推进思想政治教育创新发展的过程中，传统教育载体和全媒体的融合不足也造成了一定的限制。一些高校的教育工作者依然采用传统的“宣讲式”或“灌输式”的教学方式，使用传统教育载体进行教学，缺乏与全媒体的融合，在实践教学时未能充分考虑学生的个性化需求和特点，难以满足学生多元化的心理需求，与学生互动较少，从而使得教育载体不能完全发扬所长，导致思想政治教育教学缺乏针对性，自然也就降低了思想政治教育成效。

由于高校思想政治教育过程中传统教育载体与全媒体的融合度较低，在如今这个全媒体时代之下，这种传统的教育载体难以吸引发展之中的学生。此外，不同的教育载体之间缺乏密切合作，相互之间各自为政的现象比较明显，这些问题在一定程度上导致高校思想政治教育整体性功能的分化，影响高校思想政治教育的实践效果。从不同的思想政治教育载体的角度进行具体分析，主要有以下几方面不足：高校的思想政治教育工作者未能跟上时代发展的步伐，没有深刻理解思想政治教育管理载体的实际作用，也没有意识到全媒体技术对于高校思想政治教育工作的重要性；由于高校的管理未能与全媒体实现充分的融合，高校管理平台服务质量与效率比较低，线上与线下的信息资源整合与联动机制比较落后，信息发布和传播中频繁出现错误，限制了信息的传播范围与传播时间；思想政治理论课程载体在利用和共享全媒体资源和技术方面存在缺失，缺乏创新，授课方式比较陈旧，课程内容的更新速度比较慢，导致课程的影响力和吸引力下降，思想政治教育效果也受到影响；高校的思想政治教育活动载体缺乏多样性，在与全媒体融合方面存在不足，无法为学生打造一个令人愉悦的在线学习平台，无法举办各种主题活动，未能充分激发大学生的积极性和主动性，同时也无法满足不同大学生各具特色和多样化的需求。

（三）传统工作机制的限制

在高校思想政治教育方面，国家非常注重建立和完善全面协同育人机制，这推动了大学思想政治教育机制的创新和优化。旧观念和传统习俗的存在往往会阻碍新观念和现代化的发展。在新媒体时代，建立高校思想政治教育协同机制并不容易。这是因为，在这个过程中需要克服传统工作机制所带来的各种限制和影响。

1. 传统思想政治教育工作者的观念落后

高校传统思想政治教育工作者往往思想观念比较落后，还停留在之前的思想观念之中，缺乏对学生主体性的思考和认识。拥有传统思想政治教育工作观念的教育工作者往往重视“社会本位”，重视学校的立场，而没有关注学生的实际需求，没有真正地站在学生的角度去思考问题。如今，随着科技与社会的发展与进步，中国正步入建设中国特色社会主义的新时代，这意味着高校思想政治教育需要承担全新的责任，培养出能够适应当今社会发展的高素质、高水平的人才。随着全媒体时代的到来，一些高校在人才培养方面比较落后。它们的教学方式、教育内容和教学载体没有结合网络技术的发展趋势，比较落后、陈旧，缺乏创新，无法适应学生发展的规律，仍沉浸在传统教育模式中，导致教育变得千篇一律、缺乏个性。高校内各部门通常各自为政，难以形成有效合力，它们倾向于以本部门的利益为重，忽略了彼此之间的沟通和合作。此外，由于传统思想政治教育工作者的理念比较落后，教育工作机制中“线下教师”和“线上教师”之间往往缺乏有效的互动和协作，联动性不强。在全媒体时代，高校的思想政治教育任务不仅限于传统的教室教育，还包括网络教育。无论是线下的传统教育，还是线上的网络教育，大学生都会受到“线上教师”与“线下教师”的双重影响。此外，相比于线上教学，线下教学还存在着一定的难度，线上教师会督促线下教师的教学，还会对线下教师所教授的知识与内容进行检验，这使得他们的教学任务更具挑战性。在新的历史时代，高校思想政治教育旨在帮助大学生树立正确的人生观、价值观和世界观，同时鼓励大学生积极践行社会主义核心价值观，不断提升大学生的思想道德素养、政治素养、法治素养以及其他多方面的素养。随着互联网技术的进步，信息的传播速度大大加快，传播范围也越来越广。在全媒体时代，每个人都可能是信息的制造者，也可能是信息的传播者，这可能会导致信息混淆、失真。它们与娱乐元素交织在一起，真假难辨。要在短时间内验证这些信息的精确性和真实性，这是一个很大的挑战。例如，在进行思想政治教育过程中，如果线下教学和网络教学中传达的信息不一致，那么一些判断能力较弱的大学生可能会对实际教学中的教师产生怀疑，从而导致思想政治教育工作者的威信降低。

2. 传统思想政治教育工作机制协同性不足

高校内部的不同部门通常都有各自的工作机制和平台，专门处理与该部门相关的具体事务。各个部门的工作机制与平台往往是依据具体工作建立的，比较分散，同其他部门的联动性不强，这种情况会导致高校思想政治教育工作过于单一、机械化，缺乏系统性与整体性。另外，这些部门的工作平台往往也是自上而下进行构建的。对于学生来说，这有诸多限制，降低了学生的主动性与积极性，不利于学生主观能动性的发挥，也不能满足学生的个性化需求。另外，高校思想政治教育工作还存在一些问题，如教学、管理与科研之间比较分裂，不易相互配合，各个部门工作平台建设的协同性不足，不仅浪费了资源，还降低了工作效率，不利于思想政治教育工作的协同开展。

一些高校的工作制度存在相似度较高的情况，缺乏特色、千篇一律，从而降低了思想政治教育的实际效果。如今，各国之间的交流日益增加，媒介形态变得多元化，同时价值也变得多元化，高校必须对思想政治教育进行改革和创新，改革传统思想政治教育与当前不相适应的部分，特别需要着重加强制度体系的顶层设计。随着教育环境和需求的不断变化，高校思想政治教育工作方面暴露出越来越多的问题，如高校思想政治教育工作制度缺乏创新，各工作平台之间的协同融合缺少灵活性与弹性，各项制度之间缺乏实操性与协同性等。这时候，高校就需要对传统思想政治教育工作制度进行创新和现代化，以适应时代的发展和变化。此外，高校还需要加强各工作平台之间的协同融合，使之更具灵活性与弹性，同时，还要加强各项制度之间的协同性和实操性。高校思想政治教育机制创新不应仅仅关注某一特定部门的利益，而应该以学生成长和发展及教育工作者的发展需求为重点。

3. 传统思想政治教育工作机制和家庭、社会的联动不足

传统思想政治教育工作机制缺乏与家庭和社会之间的协作。这就需要高校建立一套思想政治教育的协同育人机制，它可以通过全员参与、全方位和全过程发展的方式来实现有效的协同育人。高校需要与家庭、社会积极合作，构建有效的

合力机制。传统的思想政治教育模式往往由高校对学生进行思想政治教育，忽略了家庭与社会对大学生思想政治教育的重要性与关键作用，高校和家庭、社会之间的互动相对较少。高校与家庭的联动性通常体现为，高校经常与学生家长沟通，询问学生在家庭中的相关表现，取得家长对思想政治教育工作的认同，促使家长在家庭中对学生展开潜移默化的思想政治教育。高校与社会的联动性通常表现为大学生参与社会实践活动，但是一些高校并没有充分重视这一点，没有真正关注大学生实践活动的主题和内容。另外，针对目前社会上发生的一些新闻与热点事件，高校也要及时追踪了解，并通过这些事件对大学生进行思想政治教育。但是，一些高校缺乏敏锐性，对此并没有深入关注，往往忽略大学生的发展需求，这不利于大学生思想政治教育的全员、全过程、全方位的协同性发展，同时也不利于大学生社会责任感与集体意识的培养。

三、高校思想政治教育发展取得的成果和面临的困难

（一）高校思想政治教育发展取得的成果

高校学生入学的思想政治素质普遍提高了。这些年轻的大学生坚决拥护党的领导，认同党中央所实施的重要方针和政策。在党的二十大成功召开以后，许多青年大学生持续对国内外的时政与焦点问题保持高度关注，尤其是对于在国内外发生的重大事件，都会通过各种形式积极地了解；面对复杂多变的国际形势和快速发展的国内经济，青年大学生具备清醒的政治觉悟和清晰的判断力，能够正确看待国际上不断涌现的突出问题。绝大多数青年大学生能够做到认真践行社会主义核心价值观，并且能够借助正确的世界观、人生观、价值观树立理想和信仰。同时，许多青年大学生除了专业学习，还会在课余时间积极参与各种社会实践活动。一些学生积极投身于科研工作以提高自身的专业水平；一些学生积极投身于建设社会主义和谐社会，参与社区活动，帮助弱势群体，不断贡献自己的力量。可以肯定的是，近年来高校思想政治教育工作已经取得了一些令人振奋的进展，我国青年大学生的政治思想觉悟不断提升，但是在高校思想政治教育工作中仍然存在一些问题需要教育工作者去改进和完善。

（二）高校思想政治教育发展面临的困难

近些年来，高校思想政治教育工作尽管进步很大，但在社会不断变革发展的背景下还存在一些不足，发展也面临一些困难，主要集中在以下几个方面。

1．教育理念比较落后

传统的教育理念对当代高校思想政治教育工作的开展产生了一定程度上的阻碍，教学过程中的主体仍然是以辅导员为代表的日常教育工作者和以思想政治教育理论课教师为代表的理论知识传授工作者。大多数的思想政治教育工作仍然没有将学生作为学习主体，采用的仍然是传统的教学方法，一味地向学生灌输知识，思想政治教育教学课堂沉闷，教学内容缺乏针对性。此外，“立德”与“育人”两个教学目标没有得到有效衔接和协调。目前，在高校思想政治教育工作中，辅导员以及思想政治教育理论课教师存在强调“立德”而忽视“育人”的现象。在教学过程中主要表现为，他们只关注教学的形式而对于思想政治教育的实质关注不多，局限于向学生灌输思想政治理论知识及倡导社会主义基本道德规范，在实际的思想政治教育工作中对“育人”这一目标不够重视，因此高校思想政治教育工作取得的效果不甚理想。

2．教学形式、方法单一

随着信息技术的快速发展和多媒体技术的普及，目前我国许多高校都更新了教学设备，但是在全新的信息化教学环境中教师采用的教学方法仍旧是传统的、陈旧的。一些教师认为多媒体技术不适合教授较为理论化和抽象化的知识，因此很少采用多媒体教学的形式；一些教师虽然用演示文稿代替了传统的板书，但他们仍然采用单向讲授的方式进行课堂教学。另外，一些大学的思想政治教育教学仅限于课堂授课，缺乏必要的实践活动。传统的课堂教学方式局限性大，无法激发学生的学习热情，也无法保障师生之间的良好互动。

3．教育内容创新不足

第一，思想政治教育的理论知识是较为抽象的，因此，教师如果不能将思想政治教育理论教学与时代特征相结合，在教学过程中只注重讲授理论知识，学生就会感到枯燥乏味。但是目前我国许多高校在展开思想政治教育工作时重理论轻实践，在教学过程中一味地向学生灌输枯燥的理论知识，学生对思想政治教学兴趣不大。第二，思想政治教育的教学内容往往是理论化、系统化和科学化的，对于社会上出现的某些焦点和热点问题，教师可能很难运用思想政治理论知识向学生直观地做出解答，学生会因此对思想政治教育工作产生一些误解。第三，高校现有思想政治教育的各个环节往往忽略了校内外实践活动的重要性。组织不同的社会实践活动可以将晦涩难懂的理论知识与青年大学生的实际学习和生活情境相结合，这样既可以激发青年大学生的学习热情，也可以促使他们将理论知识转化为自己的思想观念。

第二节　高校思想政治教育的当代化转型

一、高校思想政治教育当代化转型的提出

改革开放以来，随着社会条件的变化，高校不断进行思想政治教育的改革与创新，努力适应社会的需要。许多高校采取一系列措施进行改革与创新，从学科建设到队伍建设，从课程建设到师资培训，从制度建设到机构设置，使得大学生思想政治教育得到了明显加强和改进。但就社会环境而言，思想政治教育面临新的挑战，有些情况甚至比以往更加严峻，使工作变得更加困难。

高校及各行各业都在开展思想政治教育，但实际效果受到很大的减损，这与缺乏必要的社会舆论与社会文化心理的支持有很大的关系。显然，思想政治教育需要相应的社会文化生态，只有在社会子系统领域开展思想政治教育，并与社会大系统领域思想政治教育文化做到相互呼应，才可能取得良好效果。改革开放前的思想政治教育之所以有较好的效果，是因为单位思想政治教育活动与社会政治文化形成一体，内外相互增益。在开放的社会环境中开展思想政治教育，这种增益更加必要，而事实是这种增益在弱化。

事实上，全社会不仅在做思想政治教育，而且做了大量的思想政治教育。全社会存在两种思想政治教育：一是以思想政治教育名义开展的思想政治教育，二是不以思想政治教育名义开展的思想政治教育。我们经常说，思想政治教育学科、专业、专职人员是中国特有的，具有中国特色，但是事实上，世界各国都在做思想政治教育。国外有思想政治教育，但不用思想政治教育的概念，而是使用其他诸如政治社会化、政治教育、公民教育、道德教育等概念。与此相应，在我国，各种各样的思想政治教育做得很多，但社会上正在形成不用思想政治教育名义来做思想政治教育的某种文化。

改革开放以来，为了适应社会主义现代化和社会主义市场经济发展，推进思想政治教育的加强和改进，思想政治教育领域提出了转变论、创新论、发展论、改革论、加强论、改进论、现代化论、科学化论等，对思想政治教育现代化、科学化进行了广泛探讨，并从现实和理论方面进行分析，提出了从传统思想道德教育向现代思想道德教育转变的任务。

二、高校思想政治教育当代化转型的机遇和挑战

思想政治教育现代化应是以马克思主义理论、马克思主义中国化理论、科学发展观以及社会主义核心价值观为指导的，能够充分发挥意识的主观能动性的且符合客观规律的。要想实现思想政治教育现代化这一复杂的系统工程，就需要在开展思想政治教育工作的过程中不断建设和完善教育方针和政策，实现思想政治教育的自我发展。这些引导理论通过提高受教育者的综合素质来推进教育进程，其意图与思想政治教育现代化的目标完全一致。为了避免迷失方向、偏离正确道路，思想政治教育现代化必须与社会主义精神文明建设密切结合。随着改革开放的不断深入，我国在社会主义经济、政治、文明和精神建设等方面获得了许多成果，推动了我国思想政治教育现代化的发展。但是，随之而来的还有许多阻碍思想政治教育建设的问题，信息源的多样化和信息载体的网络化，使得那些腐朽和落后的文化有了更广泛的传播途径，对我们的思想政治教育建设构成了很大的威胁。这也是对思想政治教育工作者的巨大考验。

（一）高校思想政治教育当代化转型的机遇

思想政治教育的特点在于其具有全局性和时代性，同时其也是一项开放的、具有交互性的工作，因此，随着经济全球化的持续推进以及国内外经济、政治和文化的快速发展，思想政治教育也应随之演变与发展。我国高校应抓住经济全球化带来的机遇积极开展思想政治教育工作。

1. 经济全球化为思想政治教育营造了良好的环境

（1）良好的物质环境

经济全球化的持续推进为世界各国之间的交流、沟通提供了技术支持和交往平台。同时，不断发展的经济和综合国力也为我们党和政府提供了更多的资金用于思想政治教育的教学设备更新，使得高校的思想政治教育工作获得了很大成效。经济全球化的趋势给思想政治教育工作者带来了更多的教育资源和机会，丰富了他们的理论知识，拓展了他们的思维，开阔了他们的视野。这些变化进一步加强了中国思想政治教育的实效性。

（2）良好的政治环境

随着经济全球化的推进，国际社会的相互依存性日益增强。各国都深刻认识到自身发展的迅速推进需要依靠其他国家的支持和帮助。经济的相互依托和共同进步彰显了和平与发展的时代主题。中国的快速发展使其在国际社会上扮演着十分重要的角色，这为思想政治教育提供了有利的国际背景，加强了教育的说服力。

中国大力完善法治建设和全面发展社会主义政治制度，为思想政治教育的发展创造了良好的政治环境。

(3) 良好的教育环境

随着经济全球化的不断发展，思想政治教育的资源日益丰富，环境条件也日趋优越，这为思想政治教育的快速发展提供了有力支撑。思想政治教育的内容有了更加丰富的资源支持，教育措施的短板也因方法的多样化而得以弥补。面对新的挑战和机遇，教育工作者需要重新审视自身的角色，积极推进教育内容和方式的创新，采用富有变革性的策略来应对各种不同的局面。教育工作者应该与学生展开开放、平等的交流和对话。

2. 经济全球化促进大学生思想政治观念持续更新

随着经济全球化的发展，大学生身处一个开放、自由的世界，他们能够以更加积极、自由、开放的心态去拓宽自己的视野，摒弃原有的封闭环境下形成的狭隘观念。大学生的全球意识、竞争意识、自我意识和进取意识以及政治主体意识、人权意识和平等意识，在其对国内外经济政治局势、国际竞争现状、经济全球化趋势以及就业问题等的关注和了解过程中逐渐形成和加强，因此，大学生对于自身思想政治水平的要求也越来越高，会强烈谴责社会上的不良现象，对民主政治的追求也日益强烈。这些变化必定会对高校思想政治教育工作产生一定的推动作用。

3. 经济全球化为高校思想政治教育创新创造了条件

经济全球化使全球范围内的科学技术得以全面发展。网络信息技术的快速发展为思想政治教育工作的开展提供了新的媒介和手段，提高了思想政治教育工作的科技含量：①信息技术和多媒体技术的快速发展使得高校思想政治教育工作更加现代化，为思想政治教育工作的开展提供了更为广阔的发展空间和更为多样的工作渠道。②经济全球化的持续推进促使高校思想政治教育更加制度化。③经济全球化的持续推进使得学生的主体意识和自我参与意识不断增强，传统的教育模式中存在的“灌输式”教学以及学生被动接受知识的现象也在逐渐改善。④经济全球化的持续推进使得国际社会越来越开放，促进了世界各国之间的交流与沟通，推动了思想政治教育工作的改革和创新。

（二）高校思想政治教育当代化转型的挑战

经济全球化的持续推进和科学技术的发展进步对我国高校思想政治教育带来的影响有好也有坏，我国高校思想政治教育工作开展面临着挑战。

1. 经济全球化对高校思想政治教育环境的影响

（1）社会环境复杂化

随着全球经济一体化的进程不断加快，我国也不可避免地被卷入这场经济全球化的浪潮之中，受到了巨大的影响。经济全球化为我国带来了前所未有的发展机遇，但也使我国的主流意识形态和价值观念面临新的挑战和冲击，使得我国高校思想政治教育工作的开展面临巨大的挑战。

随着改革开放的不断深入，国内环境也发生了很大变化，人们的生活水平得到了很大的改善，社会生产力也大幅提高。但是，市场经济下催生的利己主义等因素给思想政治教育带来了新的难题。

（2）学校环境复杂化

在经济全球化进程中，我国面临着前所未有的挑战，包括面向多元开放的挑战、应对多元经济的挑战、应对多元结构的挑战、迎接多元文化的挑战。虽然这些挑战对我国的发展产生了一定的激励作用，但同时也带来了一系列负面影响及弊端，使得高校的教育环境更加复杂多样，对高校思想政治教育活动的开展十分不利。

2. 高校深化改革给思想政治教育带来的挑战

弹性学制和完全学分制的引入以及后勤社会化的实施使得学生群体更加小型化、个体化和分散化，以往按专业划分班级的教学方式以及以班级为基本组织的学生群体结构正在逐步弱化和转变。学生的学习、生活环境及方式都发生了很大变化，大学生过去的教室、食堂、宿舍“三点一线”的生活方式逐渐转变为以学生生活园区、社团组织和互联网三大公共环境为主的生活方式。高校思想政治教育工作者需要对教学环境和教育对象的变化采取应对措施，有针对性地思考提高思想政治教育工作实效性的举措。在这个过程中教育工作者需要找到切入点，以确保思想政治教育工作发挥真正作用。

3. 学生自身的变化给思想政治教育带来的挑战

当代的大学生身处一个开放包容的时代。在这样一个社会转型、各种价值观碰撞冲击的社会激荡时期，大学生由于社会经验短缺和心理发育尚不成熟，很容易出现价值目标与实际取向相悖、认识与行为不符的现象。大学生一方面以积极的心态和饱满的信心投身于自身的发展中，另一方面缺少艰苦奋斗的精神。除此之外，他们在理想信念、科学精神、人文素养、公德意识等方面也存在需要进一步完善和提高之处。

三、高校思想政治教育当代化转型的发展策略

全球经济一体化是现今世界经济发展的必然趋势。我们必须积极应对这一趋势，才能够应对由此带来的各种挑战。高校应当积极推动面向未来、面向世界、面向现代化的思想政治教育工作，及时更新教育指导方针，创新教育教学方式与方法，不断完善教育内容，在经济全球化的历史进程之中积极顺应发展趋势，保持教育的生机与活力。

（一）高校思想政治教育当代化转型的观念创新

高校思想政治教育实践的方向和性质取决于理念的现代化程度，理念的现代化关系到思想政治教育现代化的发展。因此，现代化的思想政治教育的首要任务就是革新教育理念，摒弃传统的思想政治教育中过时与保守的观念，挣脱陈旧、僵化理念的束缚，建立多元、开放、创新的思想政治教育理念。

1. 树立开放性的教育观念

随着经济全球化的推进，各国文化之间的交流和互动日渐频繁。形形色色的文化在国际社会中不断交融、相互影响。网络的发展使得各种良莠不齐的信息充斥其间，给国民带来了很多负面影响。社会主义市场经济的发展使思想政治教育工作的环境更加开放。开放的社会环境虽然能够带来广阔的发展前景和众多的发展机遇，但我们需要对其进行合理利用，防止其对思想政治教育现代化产生反作用，阻碍思想政治教育工作的开展。

（1）创新教育方式

开放性的教育理念要求我们批判地继承我国的传统文化，对于优秀的、先进的部分要加以保留和传承，对于腐朽的、落后的部分要舍弃，思想政治教育课堂就是我们需要保留的部分。高校思想政治教育应采取创新的教学方式，在教学过程中要重视通过开展德育实践活动提高学生的思想道德水平，有目的和有针对性地发现学生在接受思想政治教育过程中存在的问题，并采用创新的教育理念和方法为学生解答困惑。要树立开放性的教育理念，以创新的视角发现问题、分析问题、解决问题。

（2）坚持观念统一

当今的社会越来越开放，高校开展思想政治教育工作时应该及时发现学生思想态势的变化，及时更新教学观念。因此，高校思想政治教育工作者应该顺应社会的发展趋势，及时更新教育观念、教育内容和教学方法。高校在开展思想政治教育工作过程中要尊重学生的个性化发展，要在开放性的教育理念的指导下坚持

以主流文化教学为主，同时注重学生的全面、多样化发展，二者要同时进行，不可割裂开来。如果在教学过程中只注重主流文化的教学而限制学生的多样化发展，那么学生很容易丧失个性和主观能动性，对教学活动失去兴趣，未来的发展方向也会过于单一。相反，如果过于强调教学的多样化而轻视了主流文化教学，那么思想政治教育教学很容易迷失教学方向，造成思想政治教育教学效果不佳，最终受到影响的就是学生。

2. 树立以人为本的教育观念

思想政治教育与人们的生活息息相关，其作为一种社会实践活动需要科学的教育观念来指导教学。高校思想政治教育工作者需要树立以人为本的教育观念，将学生作为教学的主体，以挖掘学生的天赋、激发学生的潜能为出发点，促进学生的多方面综合发展，尊重、理解、信任和关心学生。

（1）确立主导地位

党的思想政治工作的核心内容是理想信念教育。理想信念教育对一个人的发展至关重要，高校思想政治教育工作者要在树立以人为本的教育观念的同时注重对学生进行理想信念教育，要强调思想政治教育的重要性，培养学生高尚的道德品质，让学生始终坚定理想信念，将人生观、价值观和世界观的培养置于重要地位。高校需要对大学生进行正确的“三观”教育，使他们拥有强烈的爱国思想和集体主义精神，坚定以马克思主义理论为指导建设中国特色社会主义伟大事业的决心，始终将个人的努力奋斗与国家的发展紧密联系，承担起实现中华民族伟大复兴的历史重任。

（2）思想问题和实际问题自然结合

高校开展思想政治教育工作时要注意将理论与实践结合起来，要向学生展示用思想政治教育理论解决实际问题。学生在接受思想政治教育的过程中可能存在对某些问题不理解的地方，如果对此不给予及时解决，学生就会在之后的学习中源源不断地产生新的问题。思想政治教育工作者要及时为学生解决思想问题和实际问题，让学生积极主动地自觉参与思想政治教育活动。在开展思想政治教育工作时，教育工作者要以为学生服务的意识为主，对学生的管理工作也应基于提高管理水平和教学效果的目标和全心全意为人民服务的立场展开，增强学生的归属感，温暖他们的内心；要倾听学生的声音，及时发现学生在学习过程中出现的问题以及情绪上的异常情况，对于存在心理问题的学生要及时发现、及时干预，减轻他们的心理压力；要关心学生的学习及生活，为学生排忧解难，要办好事、办实事，真正将为学生服务落实到行动上，用科学的理论知识和人格魅力打动学生。

另外，对于学生的择业、就业问题也要多加关注，要在教学中安排就业、择业指导课程，增强学生未来在社会上的就业竞争力。

(3) 积极开展自我教育

高校要培养学生的实践操作能力和自我服务能力，为学生建立一个完善的服务体系，改变传统教学模式下学生被动接受教育的局面，鼓励学生充分发挥主观能动性，让学生主动学习、自我管理、自我服务，为学生创造良好的管理环境和成长环境。学生只有在感觉到个性发展得到了尊重、自我价值得到了实现之后才会产生归属感并渴望施展才能，才会对自身行为活动产生责任感。在这样的环境中，学生更容易实现自我管理，自觉遵守各项规章制度，学生的人格发展、素质提升也会得以促进，因此，培养学生的自我教育和自我管理意识是具有实际意义的。

3. 树立动态发展的观念

思想政治教育现代化的动态发展特征要求高校思想政治教育工作者要以发展的眼光开展教学，要引导学生主动发现问题、分析问题和解决问题。传统的思想政治教育教学模式具有封闭性，其是一种静态的教学过程，因此，以往的高校思想政治教育并没有取得十分理想的教学效果。要实现思想政治教育现代化，就需要教育工作者熟读马克思主义基本理论，充分理解“世界上的一切事物都处于运动变化之中”这一哲理，另外还要深入了解我国的科学发展观。以往的高校思想政治教育工作太过笼统，教学内容没有针对性，学生很难产生学习兴趣，长期采用这样的陈旧教学方式而不知变通是不可能实现思想政治教育现代化的。因此，思想政治教育工作者要以发展的眼光看待思想政治教育工作，坚持发展理念的指导地位。

（二）思想政治教育当代化转型的内容创新

1. 坚持科学的教育观

人的“三观”，即人生观、价值观和世界观，是一个人思想的总开关，三者紧密相连且相互影响。保证“三观”的正确性是实现思想先进性的前提。世界观决定一个人的人生观和价值观，而人生观和价值观则是世界观的组成部分和具体体现。

大学生的价值观会在大学期间得到塑造，大学阶段对学生“三观”的塑造来说是一个至关重要的阶段。在顺应经济全球化发展趋势的过程中，高校要在进行思想政治教育时提醒学生对于来自西方的各种思想、价值观念保持高度警惕，要根据国际政治、经济、文化发展的特点和学生思想动态的实际情况，强化马克思主义基本理论的教育，培养学生正确认识西方文化中自由、平等、人权、法治等思想，并对资产阶级价值观和无产阶级价值观形成充分的认知；应当以经济全球化对大学生思想的影响为切入点，正确应对新情况和新问题，采用具有针对性的对策引导和教育大学生形成健康、积极向上的世界观、人生观和价值观；对学生进行社会主义核心价值观和无私奉献精神的教育，让学生形成正确的价值观和培养集体主义精神；加强科学精神和科学理念的教育和宣传，避免封建迷信的落后思想在校园内传播；树立以人为本的教育理念，以学生为主体，关心、爱护学生，以学生的身心发展规律和特点为出发点对学生开展思想品格教育和人格培养教育，让学生形成正确的人生观、价值观和世界观，保持思想的先进性。高校在开展思想政治教育工作过程中加强理想信念教育，始终围绕正确的政治方向开展教学活动。

2．培养民族精神

随着时代的变迁，对大学生进行的民族精神培养和爱国主义教育面临着全新的挑战和机遇。民族精神是一个民族的人们在长期的生产和生活实践过程中普遍具有的某些内在品质、心理特质、精神风貌、人生追求以及价值观念。青少年是一个国家的未来，他们肩负着弘扬民族精神的重任，大学生接受了高等教育，更要趁年轻为祖国的精神文明建设和民族精神弘扬出一份力。为了更好地推进大学生思想政治教育，高校应当坚持引导大学生培养和传承民族精神，同时对他们进行爱国主义、理想信念、勤劳奋斗、健全人格方面的教育，以此增强大学生的民族自信心、民族自豪感和民族凝聚力，帮助他们塑造科学的人生观、世界观和价值观。这对于当前的思想政治教育具有极为重要的现实意义。

3．增强集体主义教育

有的学生觉得，在市场经济的大环境下要求党员和领导干部为人民服务、坚持集体主义，可能不太符合实际情况。有的学生认为市场经济看中的是个人利益，与我国为人民服务的精神和集体主义精神是不相符的。由此可以看出，一些学生对于为人民服务的精神和集体主义精神的认知急需提升。

无产阶级的价值观之一就是为人民服务，这是社会主义道德建设的重要基石。社会是人类生存和发展的必要环境，每个人都要在社会中获得生存和发展的机会。因此，集体主义不仅符合社会主义市场经济的发展需求，也是其必然趋势。在社会主义经济体系中，必须以为人民服务的精神和集体主义精神为基础推进社会主义市场经济的稳步发展。现代大学生需要树立为人民服务的思想和集体主义思想以适应经济全球化快速发展的时代背景。在社会主义市场经济条件下，大学生应该自觉将个人理想、抱负与国家、集体利益相统一，克服极端个人主义、享乐主义等腐朽思想，通过为国家和人民奉献的方式，最大限度地实现自我价值。

（三）高校思想政治教育当代化转型的方法创新

在错综复杂的经济政治新形势下，采用过去的传统方法和惯常思维不足以有效促进我国高校的思想政治教育。因此，高校思想政治教育工作者需要不断变革和创新思想政治教育工作的形式和手段，以提高思想政治教育工作的精准性和教学效果。只有这样才能顺应时代的发展趋势，有效实现高校思想政治教育的发展。

1. 加强自我教育

自我教育是思想政治教育的一种途径，其核心在于使受教育者在正确引导下通过自我学习、自我训练和自我反思的方式自主塑造正确的、健全的价值观和世界观。思想政治教育是通过学校教育这一外在方式来实现的，但其最终目标是实现个体的自我教育，只有让学生养成自我教育的良好习惯，思想政治教育才能真正发挥其作用。自我教育涵盖了自主探究、自我反思以及自控、自律等品质，集体活动是一种实现自我教育的有效途径，参与其中可以让个体投入集体反思和教育当中，进而更全面地认识自我。自我教育能够从根本上遏制不良思想的产生和不良行为的发生。要帮助学生学会在思想政治层面对自身进行客观正确的认识和评价，培养学生的自我控制和自我激励能力，让学生在未来走进社会并成为社会的一员之后能够与他人正确交往，能够对自身有正确的看法和评价，要对自己的优点加以利用和发扬，并对自己的不足之处加以改正。在自我教育的过程中，学生的思想品德和道德修养都能得到较大提升。

2. 各种方法相融合

（1）心理咨询法

心理咨询法是思想政治教育的一种途径。在科学技术的帮助下，心理咨询法可以将心理学的知识用形象生动的语言表述出来，从而使某些有心理障碍的学生重新认识自我、接受自我、实现自我，并通过对其认知和情感层面的影响和激励让学生的心理问题得以解决。这是一种十分有效的心理教育方式。随着改革开放的不断推进，我国与世界的交流和沟通日益频繁，在此期间不断涌入的不良外来文化，对一些自控能力较差、认知思维尚不成熟的学生造成了很大影响。在这种情况下就可采用心理咨询法引导学生正确地看待外来思潮，采用辩证的眼光看待学习中出现的问题、失败和错误，避免学生误入歧途，让学生能够在思想政治教育过程中实现自我价值。

（2）冲突缓解法

冲突缓解法是一种通过为学生提供化解矛盾的方法和宣泄情绪的渠道来帮助学生由表及里地化解矛盾和冲突的方法。冲突缓解法可以分为缓解和处理两个阶段，其中缓解又包括事态缓解和矛盾缓解。事态缓解是在矛盾形成的初期就将矛盾扼杀。在冲突发生之前矛盾双方之间会出现一些明显的冲突征兆，为了避免矛盾发生，在事态严重到不可挽回之前就要将其解决，从源头上消除矛盾。矛盾缓解则是在冲突已经发生的情况下采用疏通疏导、转移注意、调整分流、情绪宣泄等方式帮助矛盾双方缓解愤怒情绪，改善紧张局势。处理指的是事态处理，一般在事态已经发展到较为严重的阶段时或冲突可能引发严重后果和不良影响的情况下采用。处理强调及时性和效率性。在矛盾发生后要立刻采取相关措施在最短的时间内解决双方的冲突问题，可采用切断源头、紧急求助等方式。

心理咨询法和冲突缓解法是针对不同矛盾阶段提出的能够使教育对象产生正确的思想认识和平衡的心理态度的教育方法。将这两种方法进行有机结合才能更好地解决学生的心理障碍问题以及缓解学生之间的冲突。

当代大学生自主意识和自理能力很强，他们个性独立，能够坚持自我。他们具有复杂多变的情绪特点，高校思想政治教育工作者应对学生的心理问题保持足够的重视并采取及时有效的方法解决学生的心理问题及遏制学生之间的矛盾和冲突。

（3）实践锻炼法

实践锻炼法是一种通过让学生积极参与社会实践活动来帮助学生在改造外部环境的过程中形成正确的人生观、价值观和世界观并不断提高自身的思想觉悟、主观意识和认知能力的方法，其主要包括参加技能活动、社会服务活动和社会考察活动等。参加技能活动就是个体参与到自己专业领域的活动中，以此来提升实践能力和技能。学生参加技能比赛可以提升综合能力、培养团队合作精神，不仅可以解决自己能力范围内的难题，还能积极帮助他人摆脱困境。参加社会服务活动表现为个体利用个人智力、体力和技能为他人提供支持和帮助，以解决问题和困境。学生通过社会服务活动感受到做好事带来的快乐，感受到社会的真善美。未来，社会服务活动将在解决社会问题、化解矛盾、调整社会关系等方面发挥重要的促进作用。社会考察是探究社会、理解社会不可或缺的途径。学生可以通过社会考察活动进行各种不同形式的训练和学习，从而全面提升个人能力，促进思想不断进步，更加灵活、准确地应对各种复杂问题。

（4）显性方法

显性方法指的是直接面向受教育者的具体教育活动和教学方式。教育工作者直接采用与学生面对面沟通的方法，借助平等互动的教学方式，通过常规的身教和言语引导来达到思想政治教育的目的，促进学生形成正确的价值观念。教育工作者也可以通过与学生一同参与某项活动，并在活动中与其共同探究活动的目的与意义，这样能够让学生受到启迪，获得思想上的帮助，在日后的社会实践中能够勇于承担责任、坦然面对问题，能够自行寻求合理的解决方案，使个人价值得到提升。

（5）隐性方法

隐性方法是一种与显性方法相比更为隐蔽的教育方式。采取这样的教学方法不需要教师与学生进行直接的、面对面的交流与沟通，而是巧妙地将教育内容融入学生感兴趣的教育媒介中，使受教育者在不知不觉中接受教育。教师可以引导学生多观看有教育意义的纪录片，让学生从中获取教育经验，使其在不知不觉中逐渐形成正确的逻辑思维和培养问题处理能力。除此之外，对于那些有错误思想的学生，教师不能一味地批评指责，需采用适当的、有效的方法进行教育，可以让这些学生与具有正确思想观念的学生对问题展开分析，纠正这些学生的错误观念。

（四）应用新兴工具开展思想政治教育工作

1. 应用网络开展教育工作

尽管互联网的兴起和普及给大学生思想政治教育教学带来了挑战，但其也为思想政治教育提供了更为先进的手段、方式以及传播渠道。教育工作者可以利用网络快速、精准地了解大学生的思想动向和关注焦点，随时与他们交流并解决问题。因此，高校应该充分利用网络资源，加强网络信息管理，开设思想政治教育网站并建立信息资料库。同时，高校应有效地利用微信和微博等社交媒体扩大思想政治教育的教学范围，对大学生进行正向引导，将思想政治教育渗透到大学生的日常学习与生活中，增强教学效果。

2. 应用新媒体开展教育工作

目前，互联网、多媒体等新兴媒体已经覆盖并融入大学生的日常学习和生活中。因此，互联网等网络工具能够在高校思想政治教育工作中发挥重要作用，可以提供更广阔的教育空间。尽管目前高校十分重视互联网技术在思想政治教育工作中的应用，建立了各式各样内容较为丰富的学生思想教育专题网站和思政教育网络版块，但网络教育的形式更多地呈现为单向宣传，教师和学生之间缺少双向互动和交流。高校应深入探索网络技术应用于思想政治教育工作的有效手段和方法，对原有的学生工作网站进行完善和改良，充分利用微信、微博等新兴媒介进行信息传递。同时，高校政工干部要积极顺应网络形势，主动地发现新问题、寻找新途径、探索新规律、解决新问题，积极利用新兴媒介与学生进行沟通和交流，提高思想政治教育工作的教学效果，充分发挥网络技术的优势。

在经济全球化进程持续推进的时代趋势下，高校的人才培养和高等教育改革的进程很大程度上受到高校思想政治教育的影响，高校开展思想政治教育工作要时刻谨记以马克思主义立场、观点和方法作为教学指导原则，积极改革和创新教育内容、教学方针、教学思路以及教学方式，建立成熟、完善的高校思想政治教育体系和思想政治教育工作机制。

3. 打造特色校园文化开展教育工作

中共中央、国务院提出的《关于进一步加强和改进大学生思想政治教育的意见》中“育人为本，德育为先”的教育理念对高校思想政治教育工作提出了新的要求，促使思想政治教育工作者深刻认识到思想政治教育的重要性，以中央精神为思想和行动的指导，积极投身于高校优良校园文化和思想政治教育环境的构建之中。高校思想政治教育工作者顺应新时代的新要求和新趋势，意识到思想政治教育工作的紧迫性，增强做好思想政治教育工作的责任感和使命感，以饱满的热情和抢抓机遇的决心投身于高校思想政治教育工作，促进思想政治教育工作的现代化，不断提升高校思想政治教育工作的实效性。

高校思想政治教育工作者要始终坚持“以人为本，德育为先”的原则，采用贴近学生学习和生活实际的教学方法，不断将习近平新时代中国特色社会主义思想融入高校的校园文化之中，建设和谐的校园环境。高校思想政治教育工作者要有针对性地开展思想政治教育工作，在思想政治理论教育方面，可以采取思想政治知识讲座、交流研讨会、培训会、形势政策报告会等形式，由党政团支部、党团组织、学生会、社团等发挥组织优势，协助开展多种多样的思想政治教育主题活动，如各种文体活动、社会实践活动、张贴宣传海报或宣传材料等，提高思想政治教育工作对学生的吸引力和感染力。高校的思想政治理论课教师和高校辅导员也要积极采取措施将思政教育主题融入学生学习和生活的方方面面，关注学生的心理健康情况，促进学生的德智体美劳全面发展，不断提升思想政治教育工作的实效性。

（1）加强建设

规范团总支和团支部的工作方式，完善考核制度，发挥团员的榜样作用和支部的核心作用，利用“党校”“团校”的线上平台培养大学生入党积极分子，加快对优秀团员展开推优入党工作。

（2）加强宣传

高校应利用校园广播、黑板、网络、学生记者站、学生报等宣传渠道促进校园文化建设，营造浓厚的文化氛围。加大外部宣传的力度，及时向省市的高等教育工委、团市委以及市委宣传部提供相关信息。要与新闻媒体建立紧密的联系，积极向电视台和报社递交稿件，扩大学校的知名度和对外影响力，促进高校思想政治教育的发展。

（3）加强学习

通过策划学术专题讲座和学术报告会、颁发优秀学风奖和奖学金、举行师生座谈会等一系列活动，刺激学生的求知欲望，提高学生的学习主动性。

（4）完善社团

对学校社团的发展规律进行深入研究，并对高校的社团管理进行改革，促进建立形式更加新颖、内容更加丰富的学生社团。同时，完善社团管理规章和制度，提高高校对社团的宏观管理和引导能力，让学生社团在建设校园文化方面发挥更重要的作用。

（5）加强心理教育

为了更全面地推进心理健康教育工作，高校思想政治教育工作者要进一步完善各项制度，设立学院心理委员会，并在班级中组建心理委员小组。通过开展“心理健康教育月”等活动深入了解和评估学生的心理健康状况，要格外重视那些家庭经济困难、有心理问题或存在其他困难的学生，为他们建立基本档案，持续关注他们的生活、学习、心理健康状况，不断完善高校的心理教育体系。

（6）加强安全教育

为了增强学生的安全意识和提高学生的自我保护能力，高校可举办安全教育月活动，让学生仔细阅读《安全知识手册》，并开展安全知识讲座、安全知识竞赛、安全大检查、逃生演习以及其他相关活动。这些活动旨在让学生了解必要的安全知识，让他们能够在紧急情况下迅速自救。

四、高校思想政治教育当代化转型的机制创新

高校思想政治教育的机制创新是指在思想政治教育过程中，思想政治教育工作者所做出的工作决策和对受教育者的管理需要实现现代化，以确保教育机制的合理性、科学性和有效性。

（一）决策和管理机制创新

教学决策和管理机制创新对于思想政治教育工作的顺利开展具有重要作用。

首先，需要建立一套科学完善的决策和管理控制系统。对于高校思想政治教育过程中存在的稳定因素和不稳定因素要取长补短，要继续保持稳定因素，要对不稳定因素加以改进，使其转变为稳定因素。在进行决策和管理时，应确保思想政治教育各个方面的功能都能得到充分利用，使整个实践活动能够稳定发挥时效性。

其次，需要创建激励机制来促进决策和管理的实施。思想政治教育工作者需要在思想政治教育的决策和管理中构建激励机制，并切实采取行动，积极主动地投身于思想政治教育事业之中。

最后，需要考虑决策和管理的整体性。在对思想政治教育实践活动做出决策和管理前，需要考虑整个实践活动的系统性，最大限度地发挥思想政治教育活动的作用，得到“1 + 1 > 2”的效果，促进高校思想政治教育体系的建设。

（二）运行机制创新

高校思想政治教育工作能否顺利开展并获得理想的教学效果取决于其是否具有一套科学、完善的教育体制和运行体系。思想政治教育工作需要借助教学运行机制来发挥其整体性功能。

1. 应优化运行主体

教育工作者的综合素质水平高低关系到思想政治教育实践活动的成败。必须加强思想政治教育工作者的理论素养和道德修养，全面提升其综合素质。思想政治教育工作者对于学生具有榜样模范作用，优秀的教师也是学生充分发挥主观能动性的一个重要因素，能够促使学生更加积极主动地参与到教学活动之中。

2. 应优化运行方式

高校思想政治教育工作者要站在学生的角度看问题，以学生的实际情况和现实需求为出发点，基于学生的认知发展规律实事求是地为学生服务。同时，高校思想政治教育工作者要与学生加强情感联系，与学生建立互相尊重、彼此亲近的师生关系，提高学生在教学过程中的归属感和认同感。

3. 应优化运行目标

高校思想政治教育工作者要以结果为导向，排除与思想政治教育无关的因素和虚假目标，确立明确的目标方向，同时从具体实践过程出发，抓住思想政治教育过程中的主要矛盾，充分考虑实践活动中的各种影响因素，为思想政治教育工作的顺利开展提供保障。

4. 应建立起预警和应急处理机制

高校内部负责思想政治教育工作的各部门应该动态检测受教育者的心理状态和生活状况，为思想政治教育评价部门开展评价工作提供学生的相关信息。各部门应牵头建立一个信息预警系统，由各部门的工作人员和思想政治教育工作者合作进行学生信息的搜集和整理，及时了解学生群体中的热点问题和有害信息。此外，各部门也要积极合作开展网络监控，实时监控和引导受教育者的网络言论和动态。

（三）成效评价机制创新

对高校思想政治教育活动进行评价才能够确定思想政治教育是否获得了理想的教学效果，思想政治教育现代化需要借助一套完整的教学评价和反馈机制来实现。毕竟获得理想的教学效果是开展教育活动的目的之一。思想政治教育的教学反馈对于后续的思想政治教育活动具有重要的指导作用，因此不容忽视。建立一套现代化的思想政治教育评价体系，可以使思想政治教育的实施更加科学、严谨、客观。鉴于目前的思想政治教育评价体系在很多方面存在问题，高校思想政治教育工作者需要积极研究如何对成效评价机制进行创新。

1. 构建评价体系

（1）自查自评

在思想政治教育过程中教师和学生都要进行自查自评，要基于自身实际工作情况或学习情况依照相关教学要求和学习指标进行自查自评，可采取走访、座谈、问卷调查、阶段总结、自我反思等形式，定期向相关的思想政治教育部门进行反馈。

（2）平时督查

高校的各个思想政治教育部门要对学生的平时学习情况进行监督和检查，并按照相关的体系要求详细记录和整理督查情况、督查结果和教学过程中存在的问题，为高校的思想政治教育评价提供评价信息来源和评价依据。

（3）民主评议

高校的思想政治教育部门要对教育工作者进行考核，并应邀请一定数量的受教育者参与评估过程，以评估不同单位开展思想政治教育工作的情况。

首先，学生工作部门应该承担起为思想政治教育评价部门收集学生信息的责任，并充分对所收集的信息进行整理分析，获取相关部门所需要的深层信息。另外，应当将学生工作纳入高校的年度考核计划，建立一套科学完善的学生工作评价考核制度，对学生工作部门的工作情况进行考核评价，通过学生工作部门自评、其他相关部门评价和学生评价等方式获得评价结果，并与年终考核总成绩挂钩，将学生工作视为一项与教学、科研、社会服务等同等重要的工作。在对学生教育、管理和服务等学生工作体系之外的方面进行考核时，学生工作人员应参与其中，将学生的评议打分也纳入评价结果中。聘用学生工作部门工作人员以及对系统内成员进行评价考核的工作应当交由学工职能部门负责，院系工作人员的聘用和考核工作则要由院系领导共同负责。高校思想政治教育工作者要加强自身修养，提升自身的思想政治素质，将思想政治教育目标和任务落到实处，为高校思想政治教育贡献力量。

其次，要加强人才的培养和优秀学生的选拔。高校各院系及各个学生工作部门要在各种学生组织中选拔优秀学生干部，在其通过考核后可作为学校党政管理的后备干部人才。高校要建立和完善激励政策和机制，通过评定优秀党支部和优秀党员、三好学生、优秀集体、优秀寝室等荣誉称号来为广大学生树立榜样，发挥示范作用，激励学生积极上进，不断提高自身能力。

2. 科学的评价思想

（1）应高度重视思想政治教育工作

思想政治教育部门应秉持“以人为本，德育为先”的原则，全面推进“全员育人、全过程育人、全方位育人”的教育理念。在工作思路上，平日应立足规范工作，侧重突破重点工作，注重进行创新工作，提高整体工作水平。在考核评估方面，采用“常态下的考核与年终审议相结合，工作测评与群众评议相结合，自查自评与统一考核相结合，严抓实施与积极创新相结合”的方法，进一步完善思想政治教育工作评价机制，建立起“党委领导、小组协调、系部主导、部门配合、骨干引领、全员服务、主体自觉、师生互动”的机制，逐步构建“指标明确、主体参与、注重平时、加强建设、程序规范、突出实效”的思想政治教育工作考评体系，以提高受教育者的思想素质为目标。

（2）应切实加强常规性工作和平时督促检查

高校思想政治教育考评部门应正确看待考评工作，将考评作为一种促进教学的手段与方法。需要加强思想政治教育工作的日常规范化，加强考评人员的岗位职责意识，持续关注党组织和干部队伍建设，确保日常工作的稳定性和完整性，避免盲目地、随意地开展教学。所有接受考核的单位和员工都应该将更多的精力集中于切实有效地开展日常的教育管理工作。认真履行日常督促职责，及时发现教学过程中出现的问题并对其原因展开深入分析，有效解决问题并将督查情况和结果记录清楚，为教学工作提供反馈信息，为教学评价提供考评信息。

（3）应努力抓好重点性工作和创新性工作

目前，高校思想政治教育工作面临着艰巨的任务和严峻的挑战，因此思想政治教育工作者要认真学习并贯彻落实党的二十大精神，加强中国特色社会主义理想信念教育，抓住思想政治教育教学的主要矛盾，重点解决其中的难点问题和热点问题，将思想政治教育作为育人的首要任务和重点任务，要时刻从受教育者出发保障其切身利益。我国改革开放的不断深入与互联网技术的快速发展使得学生的学习环境和生活环境日益复杂，在学生的理想信念教育、心理健康教育以及网络思想政治教育等方面不断有新的问题出现，这对思想政治教育工作的开展造成了严重影响。因此，高校思想政治教育工作者要对这些不利因素进行深入分析和研究，从实际出发、从学生出发，不断创新理论与实践教学方法，不断创新工作机制，推进高校思想政治教育现代化建设。

（4）应严格考核评议程序

高校思想政治教育考评工作要保证客观性和真实性，要严格按照相关政策和要求开展考评工作，确保考评过程的公开透明和考评结果的公平公正，对于表现优良的集体和个人要公开表彰。考评部门要严格制定考评纪律，考评人员要严格遵守考评纪律，做到实事求是和客观公正，严令禁止徇私舞弊、公报私仇等，确保考评工作的客观性和真实性。

时代的发展对思想政治教育工作提出了新的要求，高校思想政治教育急需实现教育现代化，这既是时代要求，也是教育的本质需要，这就要求高校思想政治教育工作者加快思想政治教育理念、内容、方法、机制的现代化发展。理念的现代化是整体教育现代化的前提，要基于科学发展观和社会主义核心价值体系等思想政治教育现代化教育内容树立开放发展的教学理念，坚持以人为本的教学原则。要顺应时代的发展，充分发挥网络多媒体技术的优势打造全新的网络思想政治教育平台，促进思想政治教育学科与其他学科之间的融合发展，将思想政治教育融入高校的校园文化建设过程中，实现思想政治教育途径的现代化。此外，还要建立现代化的教学决策和管理机制、教学运行机制和教学成效评价机制，从根本上实现思想政治教育现代化。

第三节 高校思想政治教育立体化模式分析

一、高校思想政治教育立体化模式建立的基础和原则

（一）高校思想政治教育立体化模式建立的基础

1. 新时代的中国社会建设实践

随着社会的不断发展和改革开放的不断深化，我国在政治、经济、文化等方面的发展变革引发了人们思想观念、思维方式和行为特点的变化，社会的运行状态由战争、斗争转变为和平、常态化，我国高校的思想政治教育逐渐出现不符合社会需要、教育制度与教学观念不符、教育模式和教育方法的落后等问题，思想政治教育工作的时效性和有效性逐渐下降，思想政治教育工作面临着严峻的挑战，急需进行思想政治教育科学研究，思想政治教育专业和学科正是在这样的背景之下产生的。

大学生思想政治教育是一个至关重要的问题，它直接影响着国家和民族的未来发展。作为教育过程中不可或缺的组成部分，思想政治教育方法对于达成教育目标具有至关重要的作用。目前，科学技术飞速发展，东西方文化处于激烈碰撞和相互交融的态势之中，社会的各个领域都发生着日新月异的变化，高校思想政治教育也受到了前所未有的深刻影响。高校应充分认识到新时代对思想政治教育领域提出的新任务和新要求，积极探索全新的思想政治教育方法和途径，坚持以科学发展观为思想政治教育工作的指导理念，站在多种角度观察和分析学生的学习情况，对思想政治教育工作进行科学合理的统筹安排，探索更加多样的教学方法，获取更加丰富的资源渠道，不断提高思想政治教育工作的教学效果，最终获得理想的思想政治教育成果。高校应始终以学生为中心，不断更新教育方式和教育内容，顺应时代要求，紧密贴近学生实际需求和日常生活，提高思想政治教育的针对性和实效性，激发学生的主动性和积极性；建设融合专业学习、社会服务、勤工助学、择业就业以及个人创业为一体的社会实践管理机制，促进大学生的德智体美劳全面发展，使其成为符合社会发展需要的合格社会主义接班人和建设者。高校思想政治教育工作要坚持以人为本和以学生为中心的原则，强调对学生的关心和了解，不断探索新的教育方法。高校要将思想政治教育工作视为一个动态的、系统的教育工程。

2. 当代信息技术的发展成果

科学技术的快速发展为思想政治教育提供了良好的载体和平台，使得思想政治教育可以借助高科技文化成果创设多种教学情境，并运用现代化的教学方法和手段开展工作。例如，可以利用计算机技术和网络信息设备建立全社会或全校的思想政治教育管理模型，该模型能够科学地指导高校进行思想政治教育改革，能够使高校思想政治教育工作者看到教学改革的实效，并能够及时获得反馈信息，为教育决策和教学改革提供指导。

随着网络技术的飞速发展和信息时代的到来，整个社会已经步入信息化的新时代，人们的生活、思维和生产方式也在潜移默化中发生着变化。随着信息技术的不断发展，特别是多媒体技术的进步，思想政治教育也在发生巨大的变化，思想政治教育领域正在发生颠覆性的变革。

高校思想政治教育工作需要顺应时代发展，实现教育方法和教育内容的现代化。互联网技术的发展和多媒体技术的广泛应用使得人们的日常交往和生活的空间更加广阔，也为教育领域提供了新的教学方法和技术，促进了思想政治教育的发展和受教育者学习方式的更新。虽然多媒体技术的发展带来了一些负面影响，但现代人已经形成了对多媒体技术的依赖，因为多媒体技术给人带来的正面影响更为主要，而在思想教育领域，这种影响同样存在。

随着互联网技术在我国的普遍应用，人们通过网络就能获取丰富的、时刻更新的信息和知识，这为思想政治教育提供了新的教育载体，主要表现如下。第一，思想政治教育工作者可以通过计算机网络技术、数字技术和移动通信技术等实现广泛传播和交流，从而大规模地向受教育者传递信息并展开教育。即使信息传递不及时，经常地“灌输”也可以潜移默化地影响并引导受众接受所传递的信息。第二，传统的教育模式下师生之间等级分明，教育双方之间往往存在明显隔阂，而通过多媒体这一媒介展开教学，教育工作者和受教育者能够平等地进行交流，避免因双方身份地位差异而阻碍沟通，可以更有效地实现师生交流与互动。第三，由于多媒体在应用上具有灵活性，教育教学活动不再局限于传统的教室、讲台、粉笔和口头讲解，现在可以利用微博、微信等新兴手段用形象生动的语言、文字、图片等来呈现内容，促进了教育的现代化。此外，这样的教育方式也不受时空限制，教育双方能够跨越时间和空间进行交流沟通，大大提高了思想政治教育的工作效率。在思想政治教育理论课上运用多媒体技术，基于多媒体学习的规律和特点，利用多媒体教育方法和技术进行教学，教育工作者可以采用词语和画面的“双通道”方式来呈现同类材料，达到加强思想道德教育与学习的目的，比传统的语言教学方式更加高效。

3．现代思想政治教育学和相关学科的理论智慧

思想政治教育方法理论是建立在马克思主义理论基础上的科学体系，其具有坚实的实践理论基础，理论渊源深远，揭示了思想政治教育教学的规律。思想政治教育学涵盖广泛，具备很强的实用价值，符合时代发展规律。思想政治教育学的理论体系也会随着时代的发展不断丰富，会随着思想政治教育的实践经验不断累积而逐渐完善。随着时间的推移，思想政治教育学的学科体系不断壮大完善，不仅能够反映新科学成果和思想政治教育新理念，而且能够适应时代发展，并为未来的科学发展和思想政治教育新理念提供开放性框架。

现代思想政治教育学通过深化学科理论体系和分支学科研究，提炼历史和现代的成果，进一步拓展和完善了自身的范畴和领域。同时，思想政治教育学的发展也受益于与其相关的学科和交叉学科的进步。站在人类学、社会学、文化学等学科的角度来探讨思想政治教育，已获得令人振奋的成果。现代思想政治教育学实现了与其他学科的融合，学科体系更加科学完善，我们不仅可以从中汲取研究方法和工作方法的经验，还能够更好地理解和应用现代思想政治教育学的理论成果，进一步提升思想政治教育的质量和效果。

学科之间往往存在联系和交叉，即使是独立的学科也会受到相关学科的影响。思想政治教育学是一门与“人”紧密相关的综合性学科，同时也与其他学科有密切联系。对其他学科的理论、方法以及研究成果进行学习和借鉴，可以获取丰富的思想政治教育新方法，实现其方法体系的更新和完善。系统论强调以整体为出发点，以系统为研究对象，从多个角度思考问题，这为我们揭示和研究整个思想政治教育系统的运行状况提供了方法论基础，有助于实现最佳教育效果。现代思想政治教育学的学科体系不断与相关学科交叉融合发展，在理论方面为高校主导性的思想政治教育方法提供了优化发展的理论依据，在实际的教学过程中也为思想政治教育方法提供了全新的运用方式和优化方式。高校的思想政治教育方法理论发展对高校主导性的思想政治教育方法具有重要影响。这种通过借鉴交叉学科教学经验革新思想政治教育方法的途径符合学科发展规律和学科特性，满足历史维度与现实层面的要求。

在多元文化环境的浸润之下，大学生思想政治教育变得越来越复杂，这意味着思想政治教育不能再局限于两三门学科，而需要融合更多的交叉学科。要改善

和创新大学生思想政治教育方法，首要前提是坚持以马克思主义理论为指导，在这一前提条件下广泛吸取其他学科的优秀经验和先进教学方法，通过借鉴其他学科的教学方法可以发现它们之间的共性和差异，为创造更好的教育方法提供思路，促进高校思想政治教育方法的创新。这种通过借鉴交叉学科教学经验来创新教育方法的途径主要是对其他学科的新方法和新理论进行观察、分析和比较，获取其中蕴含的教学原理和经验，使传统的、僵化的"灌输式"思想政治教育方法转变为动态发展的立体化教育方法，使高校的思想政治教育方法体系得到发展与完善。因此，高校思想政治教育工作者要积极研究交叉学科中的新的研究方法、研究成果、研究角度以及新的解决问题的方法并加以借鉴，将其融入思想政治教育理论之中，以更开放、更广阔的视野革新高校的思想政治教育方法。

4. 思想政治教育工作者队伍建设的实际效果

自改革开放以来，高校不断探索实践，逐步加强思想政治理论课教师队伍的建设。尽管在这个过程中取得了一些显著的成就，但其中仍然存在着不足之处。高校思想政治教育工作者队伍建设关系到高校思想政治教育方法改革和思想政治教育成果，是大学生提高思想政治觉悟的组织保障。因此，我们需要全面、客观地总结经验，用辩证的眼光探索开创高校思想政治理论课师资力量建设的全新局面。党中央在加强高校思想政治理论课教师队伍建设方面采取了一系列措施和政策，并取得了显著成果。这些成果主要表现在以下几个方面。

（1）明确了教师队伍的主要职能

思想政治理论课教师队伍的职能指的是思想政治理论课教师队伍所担负的任务和发挥的作用。思想政治理论课教师要清楚了解自身的职责所在，积极投身于高校思想政治教育建设中。自改革开放以来，党中央意识到师资建设的重要性，特别强调要求教师明确自身职责。高校思想政治教育工作者要以传承发扬党的优良传统和作风为己任，积极投身于思想政治教育的理论教学与理论研究中，不断提高自身的思想政治素养和理论知识水平，起到示范作用。党中央对思想政治教育工作者职能的进一步明确要求教师坚定党的指导路线、指导方针和指导政策，解放思想，在教学过程中做到实事求是，遵循四项基本原则，促进学生无产阶级世界观和共产主义道德的形成。高校思想政治教育工作者同时承担着"教书"和"育人"的职责，既要宣传讲授马克思主义理论知识，又要培养学生的思想道德素质，在教学过程中不仅要向学生提供知识教育，还要促进学生在思想、政治方面的健康发展；要在教学过程中联系实际、顺应时代发展趋势，将理论与实际结合起来，探索思想政治教育改革的创新方法。思想政治理论课教师除了要明确自身职能，还要积极提升自身道德修养，在教学实践过程中不断提高教学能力、完善知识体系、努力履行教学职能。

(2) 提升了教师队伍的整体素质

自改革开放以来，党中央意识到提升思想政治教育工作者队伍整体素质的重要性，将其作为教师队伍建设的重要内容。为了提高思想政治理论课教师队伍的思想政治理论素养，各级教育部门以及高校各级部门对教师进行了广泛的马克思主义理论教育，并为思想政治教育理论课教师创造良好的教学环境和教学条件，鼓励教师大力开展思想政治教育活动和科研活动；考虑到教师的实际情况，还为教师提供了“在职进修”和“短期脱产培训”等培训方式，以扩大教师的知识面，激发思想政治理论课教师的教学积极性和参与科学研究的主动性。同时，要求思想政治理论课教师具有严谨的科研态度、结合理论与实际的能力以及积极创新的精神，经过培训之后能够有效提升自身思想政治素养。各高校之间通过不断交流思想政治理论教学经验实现了教学方法的革新。

(3) 提供队伍建设支撑

马克思主义理论学科的发展为加强思想政治理论课教师队伍的建设提供了强有力的学科支持。按照马克思主义理论学科的本质、特点和要求，要加强马克思主义理论学科建设，需要更加细化学科方向，培养高水平的马克思主义理论研究人才和思想政治理论课教学人才。党中央一直高度重视马克思主义理论学科建设。中共中央宣传部、教育部颁布的《关于进一步加强和改进高等学校思想政治理论课的意见》强调，“思想政治理论课教育教学所依托的学科是我国特有的一门政治性、科学性和实践性很强的学科”，需要加强思想政治理论课教学，设立马克思主义一级学科，加强马克思主义理论教育，开展马克思主义理论研究。在党中央的统一要求下，中共中央宣传部、国务院学位委员会、教育部等相关部门快马加鞭地进行马克思主义一级学科的建设，在全国高校中设立马克思主义理论教学课程，广泛鼓励高校开展思想政治教育研究、马克思主义发展史、中国近现代史、马克思主义中国化等马克思主义理论体系研究。各高校中设立马克思主义一级学科之后加强了马克思主义理论教育，从多层次、多方面提升思想政治理论课教师的综合素质，在课程研究方向、教学内容、教学活动以及教师的培训方式等方面加强对思想政治理论课教师队伍的建设。

(4) 加强了队伍建设的宏观指导

当前，为确保教师队伍发展方向的正确性，为加强对思想政治理论课教师队伍建设的宏观引导，并为教师队伍建设提供新的思路、举措和方向，需要党中央和各级教育部门切实加强对思想政治理论课教师队伍建设的指导。

自改革开放以来，党中央一直高度关注思想政治理论课教师队伍建设事宜，并出台了有关改革思想政治理论课程、加强大学生思想政治教育的相关文件，提出很多有建设性的意见。这些指导思想政治理论课教师队伍建设的文件中强调了加强和改进教师队伍建设的重要性、紧迫性，并在学科建设、教师的选聘配备、教师队伍的培养培训、科研组织建设、教师队伍建设政策和制度保障等方面提出了总体要求。各级教育机构和各高校在党中央指导文件的要求和指导下纷纷制定了关于教师队伍建设的全面规划并采取实际措施加快师资队伍建设和培养。

（二）高校思想政治教育立体化模式建立的原则

1. 目的性原则

思想政治教育的目的需要以原则为导向，而目的性原则就是在这个导向下对思想政治教育基本规律进行的具体展现。思想政治教育立体化模式需要服务于思想政治教育的根本目标，这就是目的性原则。因此，思想政治教育立体化模式需要强调思想政治教育的核心目的，并妥善处理理论教学、实验教学、实践教学和网络教学之间的关系。这样做可以使各种教学方式相互补充、协调发展，共同为思想政治教育的总体目标服务。

2. 主体性原则

思想政治教育应充分尊重学生的主体性，采用立体化模式，使学生在教育过程中占据主体地位。立体化模式强调学生的主体性、主观能动性和自主选择性。这一模式要求教师在教材、教学内容、教学方法、教学手段以及教学评价等方面都应注重以学生为出发点，倡导以人为本的教育理念。要求教学内容与思想政治理论课教学目标保持一致、教学大纲的选择和使用与素质要求保持一致，并且有助于激发大学生的主体性表现。在教学策略和方式方面，强调激发学生参与教学活动的热情，充分调动学生的主动性。采用的教学评价方式应有助于培养学生的自主学习能力。

思想政治教育工作，实质上就是以人为工作对象，做人的思想转化工作。思想政治教育能够提升受教育者的思想道德素质，培养受教育者的社会适应能力，使其成为适应社会需要的社会成员。主体性思想政治教育模式强调以人为核心，即把学生的全面发展放在首位。在思想政治教育活动中，该模式注重以人为出发点，尊重、理解和关心学生，让学生充分发挥主观能动性，实现德智体美劳全面发展。以人为本的原则要求肯定人的价值和作用，强调人的主观能动性，以人为根本，要求尊重教育工作者和教育对象的主体地位，关注学生的特点和需求，在思想政治教育中立足于学生的内在需求，帮助他们正确地分析自己的需求层次和需求结构；除了考虑符合社会规范和要求的思想政治教育目标，还应强调培养学生的自主性，实现其全面发展；在思想政治教育活动中注重学生的实践能力培养，改变传统的、单一的灌输式教育；转变教育双方的关系，使其不再呈现主客体对立的态势。高校主体性思想政治教育模式应该注重以人为本的教育理念。

为了让高校思想政治教育真正有效，必须始终以学生为中心，从学生的角度出发，充分认识和满足他们的需求，这既是教学工作的出发点，也是教学的归宿。只有充分尊重、满足学生的需求，才能更好地激发他们的主体意识，进而增强高校思想政治教育的实效性。如果思想政治教育工作者只是机械地进行知识的灌输，而不顾及学生的主体需求，那么这种教育方式是不能有效地发挥作用的。只有在学生自愿接受的情况下，才能够真正实现良好的教育效果。大学生的需求是多元而具体的，其中包括学习、生活、情感、成长、就业等各个方面的需求。人们的需求因个体差异和时间差异而有所差别。不同的人有不同的需求层次，不同的时间阶段也会引起不同层次需求的变化，即人的主要需求是会发生改变的。

大学生的主体性发挥程度对于高校思想政治教育构建立体化的教学模式具有重要影响。在大学生思想政治教育中，教育工作者和学生是相互作用的。教育工作者负责传授知识和技能，而学生要积极接受教育和自我教育。成功的教育需要教育工作者和学生共同努力。在进行思想政治教育时，教育工作者需要关注和考虑到大学生的个体特点和需求，将他们视为思想政治教育的主体，而非被动接受思想政治教育的客体。这样可以更有效地运用思想政治教育方法，让大学生更加积极地参与到思想政治教育中来。首先，教育工作者应该尊重和强调以学生为主体的教学理念。教育工作者在思想政治教育教学过程中应该充分考虑到大学生的实际认知特点和学习情况，为了达到最好的效果，需要根据实际情况选择最适合的方法。除此之外，在实施教育方法时，需要灵活地根据大学生的具体情况对教学方法进行必要的调整和调节，为学生创造良好的教学情境，充分发挥学生的主观能动性，将以人为本的教育理念落实到高校思想政治教育中。其次，高校思想政治教育工作者需要高度重视大学生的自我意识，并激发他们的自我认知和自我发展潜力。在教学实践中，主体意识有利于学生自觉地发挥主动性，学生对自身地位、能力和价值的认识会越来越强。实现以人为本的大学生思想政治教育理念，就需要在应用教育方法的过程中创建适宜的情境和条件来刺激大学生充分发挥自己的主体意识。最后，使大学生充分意识到自身的主体地位并培养主体能力。教育工作者为了确保教育方法的有效实施应该注重大学生主体能力的发挥，应以大学生的实际情况为出发点，强调学生的主体地位和主体能力的培养，并针对性地选择和运用教育方法以获得最佳效果。

3. 实践性原则

实践性是思想政治教育立体化模式的显著特征。实践性教学与传统的课堂理论教学方法有所不同，其强调实践、注重实践、贴近实践，强调在课堂理论教学之外采用实地参访、实践调研、现场体验和研究讨论等方式进行教学活动，立足于学生的实际需求和实践经验。同时，实践性教学还借助各种教学手段和方式着重培养学生的实际操作能力和解决问题的能力。这种教学手法通过多样化的表现方式呈现实际情景和生动图像，不再侧重于简单的概念、判断和推理逻辑形式，更加具体、感性，能够让学生更加深入、生动地了解事实、图像和场景，以此加强对知识、理论和原理的巩固，同时也有助于提高学生的感性认识，进而提升学生的理性认识。实践教学中，教师和学生之间的关系比课堂教学更平等、更民主和更互动。学生不再是被动的听众，而是积极参与教学活动的主动者。这种教学方式有助于激发学生的学习热情，促进理论和实践学习的统一，加快学生知识的转化和应用。

作为高校教学体系中的一门基础课程，思想政治理论课是高校进行马克思主义理论教育的核心途径和主要平台。该课程的教学质量将直接影响当代大学生的世界观、人生观和价值观。为了更好地落实高校思想政治理论课实践教学，需要明确思想政治理论课教育的内涵：思想政治理论课教学是在教师的指导下，根据思想政治理论课教学目标，以理论教学为基础，通过组织和引导大学生参与各种社会活动和进行调查研究等实践活动，使其直接学习思想道德方面的知识和经验，以提高学生综合素质和能力为目的的各种教学方式或环节的总和。需要通过了解以下几个方面来理解思想政治理论课的实践教学。

第一，思想政治理论课实践教学的目标是让学生将所学理论知识运用于日常生活中，培养和提高其认识世界、改造世界、解决实际问题的能力，它与其他教学课程一样需要系统的规划。

第二，思想政治理论课实践教学的形式应该丰富多样，既可以在课堂上进行，也可以在课堂外进行，还可以在虚拟网络上进行，但必须与课程内容有关。丰富多样的教学形式的最终目的都是培养和提高学生的思想道德水平和动手创新能力，否则不能称为思想政治理论课实践教学。

第三，思想政治理论课实践教学必须体现学生的主体性，即通过学生的主动参与充分发挥学生的主观能动性。

把高校思想政治理论课实践教学具体划分为校园实践教学、社会实践教学以及虚拟实践教学，是基于大学生为同一实践主体，以实践活动的场所、载体和环境为区分依据所进行的分类。这种分类能够大大拓展高校思想政治理论课实践教学的时间与空间范围，有利于高校教职员工更好地履行教育职责，有利于大学生全员全时、就近就便、可持续地参与社会实践，以便捷的方式争取社会各界对高校思想政治理论课实践教学的关心和支持，也更容易为高校学生思想政治教育工作者和大学生所理解、把握、操作和实施。

二、高校思想政治教育立体化模式的实现路径

（一）服务学习模式

“服务学习”作为一种新型的学习模式，近年来发展迅速，吸引世界上一些国家和地区广泛参与。志愿服务作为服务学习的主要形式之一，以在校大学生为参与主体，经过近几年的快速发展，已成为高校社会实践的一种重要形式，在高校思想政治教育中不可或缺。将服务学习模式引入高校思想政治教育，一方面有利于我国高校志愿服务实践的研究，另一方面为高校开展思想政治教育提供了一种新途径。

1.服务学习的内涵

服务学习是把服务和学习整合在一起的一种教学方式。如果从广义的角度来看，服务学习指的是，学生所参与的对其知识、能力以及品德产生一定影响的活动。但是严格说来，服务学习更加强调服务与系统化学习之间存在的密切联系，也就是将服务实践和知识理论学习相互结合起来，使学生的知识储备不断丰富、使学生的品格更加完善、使学生的技能水平不断得到提升。在这个过程中，服务和学习是不可分割的，因此，服务学习最重要的特点就是学习和服务并重。

相比较而言，社区服务强调公益性，这类活动和教学、课程之间并无直接的关联，也不需要学生进行活动结束后的自我反思或集体探讨等。但是，服务学习则不同，它的核心在于课程、服务和反思相结合，服务学习的服务活动具有学习目标明确、精心组织等特点，它更注重让学生在服务期间能够将在学校学到的知识技能应用于实践，同时对自己的所做所见进行反思，从而使自己学到的东西能够得到巩固和加强。因此，服务学习不仅仅是一种公益活动，也是一种实践教学方法。

2. 服务学习的教育功能

当前高校思想政治教育取得的成果有目共睹，然而伴随社会多元化发展和高等教育普及化趋势，高校思想政治教育在实施过程中暴露出一些问题。为实现高校思想政治教育的有效性，高校思想政治教育必须开辟新的途径。随着我国社会的发展，志愿服务成为大学生参与社会实践的重要方式，成为高校开展思想政治教育的有效途径。因此，高校思想政治教育提倡社会服务学习模式。

3. 服务学习模式的构建

高校思想政治教育活动的开展主要有两种方法，分别是在第一课堂进行授课和在第二课堂的日常思想政治教育工作中开展课外活动。在高校思想政治教育中引入服务学习模式是将服务学习分别与两种方法相融合。

目前，高校思想政治教育以授课方式为主，将服务学习融入第一课堂思想政治教育工作之中，要求学生按照课程的学习内容参与到一定的社会实践服务当中，既要实现理论的内化，也要将理论运用于实践活动中，通过将课程的学习和社会服务进行有机融合，更好地实现思想政治教育的有效性。值得我们关注的是，思想政治教育服务学习要注重和高校思想政治教育理论课的有机结合，转变过去高校思想政治教育理论课简单说教的方式，让学生真正学会在实际工作中运用所学理论知识，进行思考和反思，从而实现教书育人的教育目标。

在第二课堂的思想政治教育中，高校思想政治教育也得到了广泛的开展。区别于一般的实践活动，服务学习活动必须有学校配备或学生邀请的指导教师对学生进行培训与监督，并引导学生反思，给予学生评价。

为了能够顺利开展高校思想政治教育服务学习模式，我们需要解决现存的一些问题，营造一个良好的外部环境。高校思想政治教育外部环境的优化，需要多方资源的支持，如政府的高度重视、社会的大力支持、学校的教育理念更新等，也需要三方的共同努力。指导服务学习模式的开展是一个长时间的、艰巨的过程，因此，对于高校思想政治教育服务学习活动做出科学规划是十分必要的。高校思想政治教育工作在奠定发展基础——深入研究服务学习理论以后，应当对各方面的力量进行整合，努力打造拥有自身特点的高校思想政治教育服务学习课程，从而循序渐进地使高校思想政治教育的目标得以实现。

随着高校思想政治教育服务学习环境的不断改善，高校思想政治教育服务学习模式将会朝着组织合理化、制度规范化和活动广泛化的趋势迈进，并努力适应多方面的需求。目前，高校思想政治教育服务学习模式刚刚起步，缺少完善的规章制度，许多问题都需要规范化的制度来解决。因此，高校要以合理规范为指导，科学化地进行组织，使高校思想政治教育服务学习活动能够更好地实现社会化。

（二）网络教育模式

现如今，网络日益普及，成为人们获取信息的主要渠道。在我国，高校是网络化发展的前沿阵地。网络对当代大学生的行为模式、价值观念、政治态度、心理健康以及道德观念等方面的影响在逐渐增强。为了加强网络思想政治教育，高校需要积极主动地占领网络思想政治教育新阵地，采取技术、法律、行政手段，加强对校园网的管理，防范各类不良信息的传播，牢牢把握住网络思想政治教育的主动权。高校在进行网络思想政治教育时，需要采取“双管齐下”的策略——既要注重网络设施建设，也要注重网络管理，这样才能占领网络阵地的制高点。

1. 高校网络思想政治教育体系建设

校园网是为高校师生提供教学、科研和综合信息服务的宽带多媒体网络。《中共中央国务院关于进一步加强和改进大学生思想政治教育的意见》指出：“要全面加强校园网的建设，使网络成为弘扬主旋律、开展思想政治教育的重要手段。”在网络时代，高校思想政治教育的先导性、实效性、主导性受到了严峻的挑战，只有在信息高速公路上进行深入探索，推动思想政治教育变得更加主动和有效，才能更好地实现学生德育工作的创新发展。高校要实施铺“路”工程，投入资金和力量，完善校园网络的基础设施建设。只有加强校园网络建设，才能创建主题教育网站或网页，才能积极展开网络思想政治教育活动。最近几年，经过教育部和各地教育行政机构的推动以及高校的不懈努力，我国许多高校先后建立了校园网，充分表明“数字校园”的建设已经初步成形。若从规划全局的角度考虑，在校园网的建设中需要关注三个方面，即基础设施建设、网络教学软件建设以及相关人员培训。因此，加强校园网络建设，也主要从这三方面入手。

（1）加强基础设施建设

校园网的实体支撑就是基础设施建设，其中包括硬件与软件两个主要部分。主干网和子网中的相关设备以及连线构成了该网络的硬件部分，而操作系统以及大量校园网应用软件则构成了该网络的软件部分。随着计算机技术、通信技术以及网络技术的迅速发展，各种机器设备不断更新、创新。由此，确保网络能够继续保持领先地位的关键在于，重点加强网络基础设施建设。校园网络基础设施建设的范围涵盖了布线工程、服务器、工作站、交换机、路由器等相关设备和系统。在这其中，布线工程是最为关键的。在未来的网络中，光传输网络将成为主流，而其速度和质量将是决定网络质量的关键因素。因此，在进行布线工程时必须考虑到长期的因素。尽管网络硬件建设十分关键，但是网络应用软件的建设同样也不应被忽略，高校应当正确处理好硬件与软件的关系。只关注设备的档次或者规模，而忽略了软件的建设，误以为学校的设备高档就代表教育现代化，这是校园网建设中需要避免的错误认识。从一定程度上来讲，硬件水平的提升只涉及投入的问题，但是软件水平的提升要比硬件水平更加复杂。为了能够更好地实施“点上深入，面上拓展”的策略，高校应当关注应用软件配置对校园网络的重要性，同时，高校应避免低水平的教学软件开发，以节约人力和网络资源。因此，高校一方面需要充分发挥高校技术人员和网络资源的优势，加强硬件建设，并逐步自主设计出具有特色的应用系统，另一方面则应充分利用现有的系统平台。

加强网络安全建设也是校园网络建设的基本要求。随着网络的迅速普及，安全性越来越引起人们的重视。如果硬件不安全，会造成网络瘫痪；如果软件、数据不安全，会造成重大的经济损失和不良的影响。网络的安全性对高校更是具有特殊的意义。因为高校是培养高素质人才的阵地，反动的、不健康的信息的流入，将严重危害当代大学生的身心健康。因此，在建设校园网的过程中一定要加强网络安全建设。

(2) 加强网络教学软件建设

在校园网中，网络教学软件建设是至关重要的。这项任务非常复杂和烦琐，必须持续不断地付出极大的努力，才能真正将校园网融入日常教学活动之中。要配置和开发教学软件，必须拥有非线性编辑系统、多媒体教学软件制作系统和光盘刻录系统等设备。

(3) 加强相关人员培训

校园网能够正常运行，人员培训是其中必不可少的因素。随着校园网的普及，高校各级领导和广大师生需要在观念和技术方面适应校园网。因此，需要有针对性地对培训对象和培训内容进行安排，具体的思路如下。

第一，对于主管校园网工作的各级领导，需要将重点放在启发其观念转变以及关注本校校园网的总体规划和总体框架的培训方面。

第二，让校园网的管理和维护人员参与整个建设过程，使其能够自主完成校园网的系统集成。这种方式不仅能够提高网管人员的素质，还能够节省相当一部分的资金。同时，也可以培训网管人员熟练掌握校园网各硬件设备的连接、各种网管软件的使用和维护等。

第三，针对不同教学人员和学校其他职员的需求，进行分层次培训。

第四，现代教育技术培训班的目标在于，所有的高校教师能够掌握并应用现代教育技术，熟练运用多媒体教室中的各种教学工具和设备；全体教职员工具备通过计算机信息网络获取信息的能力，能够通过使用多媒体教学软件和管理软件来进行辅助教学和管理。此外，他们还应该了解计算机和信息网络的安全知识以及相关的法律法规。

第五，进行教学课件制作的相关培训，培养一批有能力开发、制作本专业教学课件的优秀教师，为高校开发学科课件奠定基础。这项培训主要针对中青年教师。同时，为了帮助学生掌握网络信息技术，高校的相关部门可以举办多种形式的讲座，让学生通过不同的方式学习网络知识。让学生运用计算机完成相关的课题任务，可以帮助学生更好地培养创新思维和动手能力。

2. 加强思想政治教育主题网站和网页建设

目前，我国高校在思想政治教育网络建设方面所做的工作已经取得了十分显著的成果。但是总体而言，学生更多地在网络上制作思想政治教育专题主页和建立专题网站，而校园及思想政治教育工作者制作的专题主页和建立的专题网站则相对较少。因此，网络上有关思想政治教育的专题或非专题网页和网站水平不仅参差不齐，而且缺乏独具特色、生动活泼的教育元素，高校还需要对此加强理论层面的研究。由此我们能够看出，高校思想政治教育工作者需要更为高效地加强专题网站的建设或专题网页的制作，以加强对学生的思想政治教育。

（1）加强网络阵地建设

加强网络阵地建设，建立具有独特性、吸引力及影响力的思想政治教育网站，是目前至关重要的基础性任务。积极拓宽网络思想政治教育的范围，以马列主义、毛泽东思想和中国特色社会主义理论体系以及习近平新时代中国特色社会主义思想为基础，占领网络阵地。目前，高校需要对于中国特色社会主义理论体系的重要精神和科学发展观的深刻内涵予以关注学习，以确保思想政治教育在互联网上拥有正确的舆论引导，应当指导大学生构建正确积极的世界观、人生观和价值观，要积极引导大学生的思想，勇于指出错误言论，并及时纠正不准确的信息。

（2）加强网络教育工作

在网络上创建思想政治教育工作平台，充分利用“渗透式”隐形教育的作用。例如，恰当地运用好各个高校网站的聊天室或者其他相关栏目或版块，进行有益的尝试，以进一步加强高校思想政治教育的网络工作。

（3）搭建校园网络新闻立体平台

利用校园新闻资源，整合校报、广播、电视台等媒体，搭建校园网络新闻立体平台，做好典型宣传、热点透视和舆论引导工作，从而提高网上、网下思想政治教育的能力。

（三）校园文化教育模式

校园环境的核心内容便是校园文化。校园文化作为一种较为特殊的社会文化现象，是以中国特色社会主义文化作为基础，以学校文化活动作为主要形式的。校园文化是一种人文氛围——由全校师生共同建设、具有时代感和校园特色。

1. 校园文化教育的基本原则

（1）主导原则

在大学校园文化的建设中，应当始终坚持社会主义意识形态的主导地位，始终贯彻落实党的基本路线和基本方针，坚持先进文化的前进方向，倡导社会主义价值取向，用科学理论来启迪师生的思想，坚决拒绝腐朽文化的侵蚀，从而营造一个有利于大学生思想政治教育的健康校园文化氛围。

（2）系统原则

校园文化作为一个多元并存的、复杂的系统，具有整体性、结构性、层次性以及开放性的特点。为了进行整体设计，使整体效果能够得到优化，应该从各个方面着手进行校园文化建设。具体来看，校园文化建设应包括学生文化和教职员工文化、物质文化和精神文化、课内文化和课外文化、通俗文化和高雅文化、学习区文化和生活区文化等多个方面。

（3）自主原则

开展校园文化活动时，应当尽量由学生自己组织、策划以及执行。在实践过程中，应当更加注重发掘学生的创新潜力，培养他们自我教育、自我管理以及自我服务的能力。

（4）教育原则

开展校园文化活动旨在通过潜移默化的方式对学生进行思想政治教育。高校应该将思想政治教育融入各类活动中，实现全员参与和全方位构建。在学生的素质教育中，校园文化发挥着非常重要的作用。因此，在策划校园文化活动时，高校必须考虑活动是否具备知识性、趣味性以及科学性。

（5）创新原则

文化的核心和生命在于创新，校园文化同样需要不断创新发展。为了让校园文化能够始终充满生机与活力，高校需要不断创新思想政治教育观念，注重培养学生的综合素质，特别是创新精神与创新能力。同时，高校也需要努力改善校园的硬件和软件环境，激发学生的创新潜力。只有这样，才能使校园文化始终保持活力。

2. 校园文化建设的实践途径

目前，面对复杂多变的思想政治教育形势，高校需要在加强校园文化建设方面下功夫。这既是一项机遇，也是一项挑战。建设校园文化需要坚持不懈、与时俱进，需要不断地开拓创新。

在校园文化建设过程中，创新是能够实现进步和获得提升的关键途径。在新时代，高校需要传承并发扬实事求是的科学精神，积极探索新的思路、新的观念、新的形式以及新的方法，大力推进校园文化建设，从而开创思想政治教育工作的崭新局面。

（1）抓住校园文化建设的核心

高校校园文化建设必须为社会主义现代化建设服务，以实现育人目标为宗旨，着眼于当前高校思想政治教育的发展现状，展示出新时代高校的人文精神和学生积极向上的优秀品质。校园文化建设的关键在于校风建设。从本质上来看，校园建设就是对于学校精神的塑造。优秀的校风具有历史的传承性，在学校沿革中所积累的宝贵财富和精神资源是激励师生积极追求的内在推动力量。

教风是主导，学风是主体。可以这样说，学风和教风是校风最集中的体现。因此，如果想要加强校风建设，那么必须塑造良好的教风。抓好教风建设的关键，便是加强领导作风建设。基于此，高校需要大力开展师德教育活动，同时，针对当前形势和校园文化建设的特点，使学习内容更加充实、丰富。

此外，高校需要将学习内容与实际工作紧密结合在一起。例如，开展多种形式的宣传活动——专题讲座、学习交流会、图片展和知识竞赛等，以满足学生的不同需求，在学生中形成爱党爱国、遵纪守法、尊重师长、团结协作、勤奋好学、积极进取的良好氛围。

（2）开展丰富多彩的文化活动

高校应该注重打造品牌文化，认真规划和落实，同时投入相应的物力和人力，举办适合本校特色的大型活动，如德育节、科技节、体育节、合唱节等，将它们打造成校园文化的代表，作为实施大学生素质教育的重要组成部分。

除了策划和组织大型活动，高校还需要对教师的业余时间和学生的课外活动进行综合协调，积极推进大众生活文化建设。为了让学生能够在潜移默化的过程中提升自身的能力素养，并接受主旋律文化，高校还需要探索社团、班级、寝室、食堂文化的建设，以适应学生当前的实际活动需求。在实践过程中，应当做到能够巧妙地将传统节庆、重要事件以及开学典礼、毕业典礼等进行有机结合，举办内容独特、具有较强吸引力的主题教育活动。

（3）加强校园文化建设

第一，举办丰富多彩的校园文化活动，为提高学生人文素质教育增添活力。以理工科为主的高校，应该有针对性地为不同专业设置不同的人文选修课程。高校可以举办多种不同形式的人文素质讲座，并组织学生展开讨论。利用网络这一平台，高校应积极地将丰富的思想政治教育内容呈现在校园网上，从而打造一个高质量、高品位的校园文化环境。

第二，高校在进行校园文化建设时，应该注重设计和布局，应当能够处理好传统与现代的关系——在建筑风格方面，让山水园林、人文景观和自然景观能够更加完美地融合。这样一来，不仅能够保留原有的传统文化特色，也能够反映出时代的内涵。此外，高校还应当根据自身所具备的特色，凸显出深厚的文化底蕴。

第三，在校园文化的制度建设这一方面，高校应该予以重视和加强。高校要做到依法治校，采取包容并蓄的管理原则。同时，在管理方法方面，高校要注意收放有度、粗细相宜，不断建立和完善相关机制。

（4）加强校园文化管理

高校校园文化建设要注重校园文化的教育性，多引导、少随意，多严谨、少盲目，多积极、少消极。

校园文化的教育性是高校校园文化建设需要重视的一个方面。在实践过程中，应当注意引导和规范校园文化建设，增强其严谨性和积极性，避免出现盲目和消极的情况。

除了关注校园文化的教育性，高校也要特别注重其学术层面，重视校园文化的学术性。通过举办各种学术讲座、邀请专家学者对于学术动态进行介绍、提供学术咨询和指导等方式，加强学术氛围的营造，凸显校园文化中学术研究的重要性。这样一来，不仅能够体现出高校校园文化与其他社会文化之间存在的不同，也有助于激发学生的学术兴趣，促进学生在学术能力方面的有效提升。

第三章　高校思想政治教育师资队伍建设

本章对高校思想政治教育师资队伍建设进行阐述，主要包括三方面内容，分别是高校思想政治教育师资队伍的要求、高校思想政治教育师资队伍的建设路径、高校思想政治教育师资队伍的强化。

第一节　高校思想政治教育师资队伍的要求

一、师资队伍素质优良

高校思想政治教育工作者的素质，是指能有效实现自己所担负的主体性功能而应具备的一系列素质的总和。思想政治教育师资队伍是思想政治教育的组织者、实施者、指导者和调节者，其素质的高低直接影响着思想政治教育的效果。高校思想政治教育师资队伍只有具备良好的素质，才能提高队伍建设的针对性、实效性和吸引力、感染力。

中国特色社会主义已经进入新时代，新时代新形势不仅使人们的生活发生重大变化，也使人们的思维方式、精神状态、价值观念等发生重大变化。在这样一个新的历史时期，高校思想政治教育如何跟上时代的步伐，适应改革和建设的需要，是高校思想政治教育工作者面临的新课题。高校思想政治教育要迎接新挑战、取得新成绩、开创新局面，关键是要进一步提高思想政治教育队伍的素质。这不仅是高校思想政治教育本身的要求，也是高校思想政治教育工作者履行自身职能和责任的要求。在高校思想政治教育过程中，思想政治教育队伍扮演着多重角色，包括教育工作者、管理者和服务者。每一种角色都要求具备一定的素质和能力。高校思想政治教育对师资队伍建设的要求主要体现在以下几方面素质的提高。

（一）政治素质

思想政治教育是党的事业和社会主义意识形态建设的重要组成部分，具有强烈的党性和阶级性。具备良好的政治素质，是思想政治教育工作者应当具备的最基本的素质，是思想政治教育工作者素质的核心。

政治素质有很鲜明的时代特色，不同时代的思想政治教育工作者政治素质内涵是不同的。新时代高校思想政治教育师资队伍的政治素质主要包括四个方面。第一，坚持党的基本路线，忠诚于社会主义事业。贯彻党的基本路线是思想政治教育的主要任务。在党的基本路线的指导下，将全党全国各族人民团结在党中央周围，坚持社会主义道路，坚定不移地贯彻中央精神，服从和服务于全党工作的大局。第二，坚持党性原则，具有强烈的事业心和高度的责任感。思想政治教育是党实现政治领导的重要途径，作为党的思想政治教育工作者，必须具有坚强的党性，自觉地按党性原则办事，在思想上、政治上和党中央保持一致。要做到这一点，思想政治教育工作者必须增强马克思主义理论素养，坚持个人利益服从党的利益，坚定为共产主义事业奋斗终生的信念。思想政治教育工作者要热爱党的思想政治教育事业，在自己的工作岗位上忠于职守，充分发挥主动性、积极性和创造性，努力把工作做好，为党的思想政治教育事业奉献自己的才华和力量。第三，具有较高的政策水平。政策和策略是党的生命。思想政治教育工作者政策水平的高低，决定着思想政治教育水平的高低。思想政治教育工作者的主要任务之一，就是要宣传党的路线、方针和政策。这就要求思想政治教育工作者必须理解党的政策、掌握党的政策。如果思想政治教育工作者对党的政策不理解、不掌握，其后果十分严重。第四，具有较高的政治水平。思想政治教育工作者政治上要能够辨别是非，在错综复杂的形势面前，要能够把握正确的政治方向；要具有较高的政治觉悟和党性修养，以充分发挥思想政治教育工作者的模范和表率作用。

政治素质的具体要求无论怎样变化，理想信念都是核心要求。习近平总书记将理想信念比作共产党人精神上的“钙”，“没有理想信念，理想信念不坚定，精神上就会‘缺钙’，就会得‘软骨病’”。[①]没有理想信念，政治立场就不坚定，就不能成为好的思想政治教育工作者。思想政治教育工作者必须树立正确的理想信念，因为“正确理想信念是教书育人、播种未来的指路明灯”[②]，也是完成思想政治教育任务的前提条件。

---

① 习近平．紧紧围绕坚持和发展中国特色社会主义 学习宣传贯彻党的十八大精神：在十八届中共中央政治局第一次集体学习时的讲话［M］．北京：人民出版社，2012．

② 习近平．做党和人民满意的好老师：同北京师范大学师生代表座谈时的讲话［J］．中国高等教育，2014（18）：4—7．

（二）思想素质

思想政治教育工作者担负着对教育对象进行宣传、教育的责任，应该具有较高的思想素质。

首先，高校思想政治教育工作者要坚持马克思主义的立场、观点、方法。要做好思想政治教育工作，思想政治教育工作者自己的思想观点一定要正确。因此，思想政治教育工作者要努力提高自己的思想觉悟，树立马克思主义世界观，在学习和实践中不断提高自己的思想觉悟，使主观认识符合客观事实发展的规律，并用马克思主义的立场、观点和方法，分析周围环境和人们的思想，有的放矢地做好思想政治教育工作。

其次，高校思想政治教育工作者要具备现代化的思维方式和思想观念。思维方式是指以一定的社会文化、知识结构、方法等因素所构成的思考问题的方法和程式。社会存在决定社会意识，社会主义现代化建设需要现代化的人才。思维方式的现代化是人们思想现代化的先导，如果没有思想政治教育工作者思维方式的现代化，就不可能通过思想政治教育工作去塑造现代化的人才。因此，现代化的思维方式是思想政治教育工作者思想素养的一个重要方面。我们所处的时代是新技术革命突飞猛进的时代，这必然给我们带来新的矛盾和新的问题。为了适应时代要求，更新观念已迫在眉睫。思想政治教育工作者必须更新陈旧观念，树立新的观念，用新的观念来看待和评价现实的人和事，这是新时代对思想政治教育工作者的基本要求。

最后，高校思想政治教育工作者要具有良好的思想作风。良好的思想作风是思想政治教育取得成功的基本保证。高校思想政治教育工作者应该努力培养实事求是、公正民主、严于律已、批评和自我批评、谦虚谨慎、艰苦奋斗的作风。

（三）知识素质

思想政治教育是一项综合性、知识性和专业性极强的工作，没有丰富的知识是无法驾驭的。丰富的理论知识是思想政治教育工作者施教的武器，如果缺乏理论知识，思想政治教育就会成为肤浅的空谈。进行思想政治教育，仅有政治素质与道德修养还不够，还必须有一定的教育功底。习近平总书记要求，宣传思想工作者要“真正成为在理论上、笔头上、口才上或其他专长上有‘几把刷子’、让人信服的行家里手”①。也就是说，除政治坚定和道德高尚外，思想政治教育工作

① 中共中央宣传部．习近平总书记系列重要讲话读本：2016 年版 [M]．北京：学习出版社，人民出版社，2016．

者还要有扎实的理论素养和过硬的教育能力。高校思想政治教育师资队伍建设要求选聘的人才具备广博的文化知识，要有扎实的理论基础以及较好的专业技能。具体来讲，思想政治教育工作者不仅要具备比较系统的马克思主义理论修养，还要具备思想政治教育的专业知识和辅助知识。

首先，高校思想政治教育工作者要掌握马列主义和马克思主义中国化最新成果，这是对思想政治教育工作者的基本要求。对受教育者进行马克思主义理论教育是思想政治教育的主要任务。掌握了马克思主义理论，即掌握了思想政治教育的思想武器和思想政治教育的主要内容。理论是行动的指南，理论上的成熟是政治上成熟的基础。恩格斯指出："我们党有个很大的优点，就是有一个新的科学的世界观作为理论的基础。"①思想政治教育工作者能否做好思想政治教育工作，思想政治教育能否取得成效，在很大程度上取决于思想政治教育工作者的理论水平高不高，理论根底厚不厚，理论基本功扎实不扎实。有些思想政治教育工作者感到工作吃力、事倍功半，对马克思主义基本理论知之不多、理解不深是重要原因。因此，要提高思想政治教育的质量，就必须努力提高思想政治教育工作者的马克思主义理论素养。

其次，高校思想政治教育工作者要熟悉思想政治教育的专业知识。这是做好思想政治教育的基本条件。思想政治教育的专业知识主要是指党的思想政治教育的基本理论、基本知识和基本经验，以及与思想政治教育比较密切的心理学、教育学、伦理学、社会学等专业知识。只有掌握这些知识，思想政治教育工作者做好思想政治教育工作就有了坚实的基础，才有可能成为思想政治教育的内行和专家。

最后，高校思想政治教育工作者要掌握一些必需的辅助知识。思想政治教育工作者如果具备广博的知识，就可以提高工作的有效性。为此，思想政治教育工作者应该有意识地学习历史学、逻辑学、法学、美学、民族学、宗教学、文学等方面的知识。在网络信息时代，思想政治教育工作者应掌握计算机、网络方面的知识和技能。此外，思想政治教育工作者还应该对受教育者的专业基础知识有所了解。这样，思想政治教育工作者既懂教育又懂专业，与受教育者容易沟通思想，即使是教育和批评，也容易具有说服力和感染力。

① 马克思恩格斯全集：第 13 卷 [M]．中共中央马克思恩格斯列宁斯大林著作编译局，译．北京：人民出版社，1962．

（四）心理和身体素质

较强的心理和身体素质是思想政治教育工作者赖以完成思想政治教育任务的重要基础。

高校思想政治教育队伍只有具备了良好的心理素质，才能调节自己的情绪，创造良好的心境，沉着应对外界的各种刺激，保持乐观的精神状态，在教育过程中以良好的性格和果敢的意志去影响和感染教育对象，增强思想政治教育的实效性。

身体是革命的本钱。身体健康、精力充沛是思想政治教育工作者应具备的身体素养。思想政治教育的任何一项具体工作，如调查研究、科研、教学、谈心等，都要付出心力和体力。只有身体健康，才能精力充沛；只有身体健康、精力充沛，才能保持敏捷的思维，才能巧妙地利用各种因素推动思想政治教育工作的开展，顺利地实现思想政治教育的目标。

二、师资队伍规模适当

唯物辩证法认为，事物是质和量的统一体，二者相互制约、相互影响。如果事物的质量不高或是数量不足，都会影响事物的发展。因此，高校思想政治教育师资队伍建设，一方面要高度重视师资队伍的总体素质，另一方面也要充分重视师资队伍的规模，必须保证队伍的数量，使队伍达到合理的规模。这是因为思想政治教育师资队伍的数量不足，特别是数量低于基本需求时，会直接影响思想政治教育的实施和人才培养的质量。从一定程度上讲，高校思想政治教育师资队伍的规模越大，思想政治教育工作者个人承担的任务越轻，越有利于工作质量的提高。当然，高校思想政治教育师资队伍的数量也不是越多越好，数量过多，人浮于事，容易导致相互推诿、扯皮，最终也会影响工作的质量。因此，要充分重视高校思想政治教育师资队伍的规模，必须保证队伍的数量，在满足思想政治教育工作需要和保证效率的前提下，保持思想政治教育师资队伍合理的规模。

对于高校思想政治理论课教学的师资配备，2017 年 9 月教育部印发的《高等学校马克思主义学院建设标准（2017 年本）》要求高校“按照师生比不低于 1∶350 的比例设置专职教师岗位”；2018 年 4 月教育部印发的《新时代高校思想政治理论课教学工作基本要求》规定，高校“按照师生比不低于 1∶350 的比例设置专职思想政治理论课教师岗位”。2021 年 11 月教育部印发的《高等学校思想政治理论课建设标准（2021 年本）》要求高校思想政治理论课队伍“严格按照师生比不低于 1 ∶ 350 的比例核定专职思想政治理论课教师岗位，在编制内配足，且不得挪作他用”。

从现实来看，近年来，随着高校思想政治教育师资队伍建设的推进，队伍规模不断扩大，但是高校思想政治教育工作者的人数增长速度远远跟不上学生规模扩张的速度，思想政治教育师资队伍总体数量不足的情况一直没有得到很好的解决。在思想政治教育师资队伍数量不能满足高校思想政治教育需要的情况下，思想政治教育工作者需要超负荷工作，工作质量难以得到保证。例如，由于高校思想政治理论课教师数量不足，每名教师不得不承担很重的教学任务，很难保证教学质量。同时，由于思想政治教育师资队伍数量不足，思想政治教育工作者承担了超负荷的工作量，客观上没有时间去学习进修、培训和进行理论研究，从而影响了思想政治教育队伍整体素质的提高，最终必然影响高校思想政治教育工作的质量。

当下高校思想政治教育师资队伍建设亟待解决的问题是扩充队伍总量。高校要采取切实措施，尽快达到国家规定的标准，并在此基础上进一步扩充队伍数量，使队伍维持适当的规模，以满足高校思想政治教育的需要。

三、师资队伍结构合理

高校思想政治教育师资队伍是一个由多个层次构成的集体，同时每个层次又由多个个体组成，这就意味着思想政治教育师资队伍建设存在结构优化的问题。同样数量的人和部门，同样的工作任务，不同的人员配备方式、人员构成和组合方式，队伍会有不同的工作效能。合理的队伍结构可以更加有效、快速地提高思想政治教育师资队伍的工作效率。因此，高校思想政治教育师资队伍建设的一项重要任务，就是考虑如何科学配备人员，如何优化队伍的性别结构、年龄结构、学历结构、专业结构和职称结构，如何对人员进行合理分工，以最大限度地提升队伍的工作效能。

在思想政治教育师资队伍结构上，高校要在年龄、专业、知识、职称、学历、性格、性别组合等方面进行合理的配备。

一是合理的年龄结构。思想政治教育工作有着特殊性，即年龄偏大一些的教师具有较为丰富的社会阅历和理论沉淀，具有经验方面的优势；而年龄偏小的教师虽然没有过多的工作实践经验，但是他们能够理解大学生的思想。因此，在建设思想政治教育师资队伍的时候，要充分考虑年龄结构，充分发挥各个年龄层次教育工作者的优势和各自的积极作用，形成良好的整体效应。

二是合理的专业结构。思想政治教育是一项综合性工作，需求的人才是多样化的。做好思想政治教育工作，既需要思想政治教育专业的人员，也需要掌握现代信息技术的人员，还需要掌握管理学、教育学和心理学等相关学科理论知识的人员。因此，高校思想政治教育队伍应该是由与思想政治教育专业相关的人才相互配合而成的集体。

三是合理的知识结构。思想政治教育工作对思想政治教育工作者的知识结构有较强的综合性要求。高校思想政治教育师资队伍建设要在马克思主义指导下以思想政治教育为核心学科依托，但是仅仅掌握思想政治教育学科的理论，还远远不能适应高校思想政治教育工作的发展需要。这就要求综合其他相关学科（如教育学、心理学、政治学、社会学、伦理学、管理学、组织行为学）的相关理论进行思想政治教育。

四是合理的职称、学历结构。高级、中级、初级职称人数要呈现出橄榄球形状，即两边尖、中间宽，学历结构也应如此。这样才能达到一个稳定的状态，形成一个高效协作的团体。

五是合理的性格搭配。在优化组合过程中，要充分考虑每个人的性格特点及人际关系等方面的互补。一般而言，性情急躁、外向的人集中在一起，容易出现摩擦，性情温和、内向的人往往比较保守。外向、内向性格兼有，可以相互包容，有利于相互学习、互相提高，取长补短、协调工作。

六是合理的性别结构。高校思想政治教育师资队伍是由不同性别成员组成的集体，男性和女性在思维方式、行为方式以及心理活动方面存在差异，这些差异会在思想政治教育工作中表现出来，并在一定程度上影响思想政治教育工作。如果队伍性别结构合理，高校思想政治教育工作者就可以扬长避短、互相配合，就能增强思想政治教育的教学效果。

四、师资队伍管理有效

管理是做好工作的保障。高校思想政治教育师资队伍的管理是指有关部门或组织为实现一定的发展目标，通过实施教育、培训、管理、制度建设等，对思想政治教育工作者进行塑造，促使其得到发展的活动。做好高校思想政治教育师资队伍的有效管理，就是要让队伍中的所有成员各尽所能、相互合作、齐心协力、释放潜能，提高队伍的工作效能，增强高校思想政治教育工作的实效性，提升高校思想政治教育的水平和质量。

高校思想政治教育师资队伍建设是一项系统工程，需要从不同的层次、领域和环节加以保障。高校思想政治教育师资队伍的管理，一是要从人才标准、选拔程序、培养培训、职称评聘、薪酬奖惩、退出、绩效考核、工作分析与设计等方面建立健全制度，使队伍管理工作规范化、制度化。二是规章制度要科学合理，要完善、系统，具有操作性。三是要维护制度的权威性，严格按制度办事。总之，通过对高校思想政治教育师资队伍建设进行系统的管理流程设计和规范化，激发高校思想政治教育师资队伍的工作积极性，提升其业务水平，从而改善高校思想政治教育现状，增强高校思想政治教育工作的实效性。

第二节　高校思想政治教育师资队伍的建设路径

一、增强合作意识，形成思想政治教育合力

党政齐抓共管，相关部门和人员紧密配合，形成思想政治教育合力，是党的思想政治教育的宝贵经验。中国共产党刚成立时，中央组织机构尚不健全，但设立了组织与宣传部门，负责领导对工人的组织和宣传工作，并发挥了重要作用。党的十一届三中全会后，党的思想政治教育组织机构自上而下更加完备和成熟，其动员、组织、宣传的作用更明显。可见，建立健全相应的组织机构和职能部门，党政工团齐抓共管，专业队伍与群众队伍紧密配合，形成思想政治教育合力，是思想政治教育工作顺利开展和取得成效的重要保证。

高校的根本任务是立德树人，培养社会主义建设者和接班人，思想政治教育在完成这一根本任务中负有重要的历史使命。高校思想政治教育能否完成这一历史使命，履行高校思想政治教育的社会责任，关键在于能否形成高校思想政治教育合力。高校思想政治教育的力量分散了，就会减弱高校思想政治教育的效果；高校思想政治教育的合力增强了，就会大大提升高校思想政治教育的整体效应。

思想政治教育师资队伍是加强和改进高校思想政治教育工作的组织保证和人才支撑。高校能否形成思想政治教育合力，实际上取决于高校思想政治教育师资队伍能否与社会、家庭紧密协调、相互配合、相互作用。过去，高校思想政治教育在封闭的环境中进行，缺乏系统的思想和合作的意识，往往依靠高校思想政治教育师资队伍的自身力量“单打独斗”，往往势单力薄、效果有限，甚至自身的

工作努力和成效被校内外其他方面的因素抵消，局面十分被动。因此，高校在推进思想政治教育师资队伍建设的进程中，应该强化合作意识，统筹多维力量，注重加强校内外的合作，形成巨大的高校思想政治教育合力。

高校思想政治教育要致力于改善学校内部环境，统筹校内多维力量，推进教书育人、服务育人、管理育人相结合，形成高校内部思想政治教育合力。习近平总书记在全国高校思想政治工作会议上指出，“要坚持把立德树人作为中心环节，把思想政治工作贯穿教育教学全过程，实现全程育人、全方位育人”[①]。高校思想政治教育涉及高校多个部门、多类别人员，需要多部门、各类人员之间密切配合，形成思想政治教育合力。高校思想政治教育工作系统具有显著的整体性特征。它虽然是由诸多要素共同组成的，而且目标、内容、教育工作者和教育对象等要素都具有自身的功能，但其最佳效果并不是各要素功能简单相加就可以达到的。只有在服从高校思想政治教育整体目标和功能的前提下，充分发挥各组成要素的积极作用，并使其密切配合、协同运作，才能形成育人的合力，并取得整体最优的效果。具体来讲，就是要动员、整合高校内部各种力量，形成教书育人、管理育人、服务育人相统一的全员育人、全程育人和全方位育人的大格局。

首先，高校思想政治教育师资队伍内部要协调配合。高校思想政治教育师资队伍是一支由党政干部和共青团干部、思想政治理论课教师和哲学社会科学课教师、辅导员、班主任和心理咨询教师等组成的专兼职结合的综合性队伍。开展高校思想政治教育工作，任何一支力量单兵作战都是不科学的，都不能达到思想政治教育的综合效果。高校思想政治教育师资队伍内部分工明确，有着各自的工作职责：党政干部和共青团干部负责领导、组织、协调，宏观把握工作方向；思想政治理论课教师和哲学社会科学课教师负责对受教育者进行基本理论、知识和党的路线、方针、政策的教育，是一种显性教育；而辅导员、班主任和心理咨询教师主要负责日常的思想政治教育工作，在对学生的活动组织、生活关怀、就业指导中展开工作，产生一种潜移默化的影响。但是，在合理分工的基础上，高校思想政治教育师资队伍内部必须密切配合。所以，高校在建设思想政治教育师资队伍的过程中，要充分考虑到队伍内部各支力量的优势和不足，进行资源的合理优化配置，促进各支力量相互配合、相互作用，形成巨大的思想政治教育合力。

其次，高校思想政治教育师资队伍和其他教职工队伍之间要协调配合。高校

① 张烁．习近平在全国高校思想政治工作会议上强调：把思想政治工作贯穿教育教学全过程 开创我国高等教育事业发展新局面 [EB/OL].（2016-12-09）[2023-05-23].http://dangjian.people.com.cn/n1/2016/1209/c117092-28936962.html.

承担着培养德智体美劳全面发展的社会主义事业建设者和接班人的重任，其中德育处于首要的地位。思想政治教育师资队伍是高校思想政治教育的主力军，但不是唯一力量。高校其他专业课教师、行政管理人员、教学辅助与后勤人员均承担着结合本职工作开展思想政治教育的任务，他们虽然从事的工作内容不同、形式各异，但是在根本目的上是统一的，在教育方向上是一致的，都是为大学生成长成才服务的。如果高校教职员工认识不到这种一致性，必然削弱思想政治教育工作者的教育成果。高校思想政治教育工作是一项系统工程，需要调动各方面的资源和力量形成合力，构建整体性思想政治教育工作模式。构建这一工作模式，高校需要调动教职工参与思想政治教育工作的积极性，必须进一步增强全员育人的意识，采取积极的政策导向，对教师参与思想政治教育工作进行科学合理的评价和考核，及时表彰和奖励思想政治教育工作的先进典型，还可以在职称评定、津贴评定等过程中充分体现思想政治教育工作的价值比重，吸引广大教职工参与思想政治教育工作，充分调动其积极性和主动性。

高校部门和各类人员之间协调配合，形成思想政治教育合力，实现“全员育人、全程育人、全方位育人”的思想政治教育工作格局，首先要明确各部门和各类人员的职责与分工。分工与合作相辅相成，各部门、各类人员之间合理的、明确的分工是合作的基础。在高校，几乎所有部门和人员都会与思想政治教育师资队伍产生联系。对于高校思想政治教育师资队伍而言，他们的职责是比较明确的；对于高校思想政治教育工作部门而言，在涉及教学业务、思想教育、后勤服务等大的方面的分工是明确的，模糊不清往往发生在具体的、交叉的方面或职责规范的空白处。要改变这种状况，就需要在学校的领导下，划分清楚各部门、各类人员的责任与任务，规范相关事项沟通与协商的工作程序。其次，要设立协调机构，协调高校思想政治教育系统各部门、各类人员的工作；要建立相关制度与配套措施，保证协调机构真正发挥作用，如建立定期的学生工作联席会议制度、工作监督报告制度和各部门之间的信息沟通制度等。

高校思想政治教育除了要加强校内的合作与整合，形成高校内部思想政治教育的合力，还应该努力改善外部环境，在党和政府的大力支持下，推进家庭育人、学校育人和社会育人相结合，改变高校思想政治教育是高校的“独角戏”的状况，从而形成高校内外部的思想政治教育合力。

思想政治教育不只是政工干部的事。高校要以开阔的视野，充分整合全社会的人才资源，建立起一支权威的资深校外专家队伍。这支专家队伍的来源可以是多渠道的，既可以是党政干部、科研机构和其他高校的专家学者、相关行业领域的资深人士，也可以是思想政治教育工作领域的行家。凭借这支专家队伍的专业优势、行业优势、阅历优势、经验优势等，高校可以从更广阔的视野、更高的层面、更深的思想深度，前瞻性地预测思想政治教育中可能面临的新情况和新问题，迅速、有效地科学指导相关的应对工作，指导相关的工作队伍有效地开展工作，从而不管在什么情况下以及面临怎样的复杂局面，始终能够应对自如。

实践证明，只有加强高校思想政治教育力量和资源的内外整合，才能有效增强高校思想政治教育合力，进而提升高校思想政治教育的整体效应，推动高校思想政治教育不断发展。

二、增强专业意识，促进队伍职业化发展

思想政治教育是一项专业性极强的工作，思想政治教育工作者必须具有丰富的专业知识和较强的工作能力。建设一支高素质的思想政治教育师资队伍，是新时代加强和改进高校思想政治教育工作的内在要求和迫切需要，而专业化是高校思想政治教育师资队伍建设的必然选择和主要目标。思想政治教育师资队伍专业化是指思想政治教育教师通过专业训练习得思想政治教育专业知识与技能，并在从业过程中，遵守专业道德、不断提高专业素质的过程①。

合理的知识结构是思想政治教育师资队伍专业化的前提。思想政治教育是综合性、实践性很强的工作，从事思想政治教育的每一位工作者都必须掌握丰富的知识，具备较为全面的能力结构。

就知识结构而言，思想政治教育工作者要掌握扎实的专业理论知识。思想政治教育是政治性、实践性很强的科学，思想政治教育工作者必须具备扎实的思想政治教育学基本理论和党的政策、方针方面的知识。同时，思想政治教育学是一门多学科交叉的应用性科学，它广泛吸收、应用与思想政治教育相关的心理学、教育学、伦理学、政治学、管理学等学科的理论成果。思想政治教育工作者只有熟悉这些相关知识，具备专业知识，才能提高业务能力和专业水平。另外，教育工作者要掌握广博的综合性知识。思想政治教育工作同经济工作和技术工作不一样，它是做人的思想引导工作的，而人是有感情和意识的，这种感情和意识又是不断变化的，故思想政治教育工作有着特殊的复杂性。要做好这项工作，不仅要有扎实的专业理论知识，还要了解经济学、美学、法学、历史学、逻辑学、语言学、

① 李海峰．浅谈高校思想政治教育教师队伍的构成及其专业化［J］．改革与开放，2011（16）：68—69．

文学统计学，以及计算机、网络技术等方面的知识。

就能力结构而言，思想政治教育工作者应该具备较强的工作能力。一是思想政治教育工作者应该具备科学的管理能力。就思想政治教育管理而言，管理的科学化是直接的、根本的目标。科学化的管理是规范化管理、制度化管理和民主化管理的有机统一。规范化管理要求在思想政治教育管理过程中遵守科学的程序规范和方法规范，杜绝私人感情和片面因素，使思想政治教育这一系统工程能够协调有序地顺利进行。制度是管理活动正常运行的保障。思想政治教育解决的是人的思想认识问题，其主旨在于塑造人的思想道德品质。思想政治教育是否切实可行，能否取得预期效果，取决于思想政治教育管理是否制度化。思想政治教育工作者只有发扬民主作风，坚持民主方法，虚心接受他人意见、建议，不搞“一言堂”，才能保证思想政治教育目标的实现。二是思想政治教育工作者要具备科学的预测和决策能力。思想政治教育是立足现实、面向未来的活动，其效果在将来才能得到体现。因此，强调科学的预测，强化思想政治教育决策的未来意识，有助于遵循人的思想活动发展规律，从而确定思想政治教育的目标并选择合理的实施方案。人的思想具有复杂性、可变性、突发性等特点，如果事先有预见并采取措施，就能保证思想政治教育工作的正常发展。三是思想政治教育工作者要具备运用高科技手段的能力。在现代科学技术，特别是现代网络信息技术对人类生产生活影响日益深刻的今天，思想政治教育工作者必须具备运用现代高科技手段的能力，能够熟练应用现代科学技术手段有效地完成思想政治教育任务。

思想政治教育工作的专业性及其对思想政治教育工作者的高要求，决定了并非任何人都能从事这一工作、胜任这一岗位。因此，高校在建设思想政治教育师资队伍时要建立一整套选拔、考核的机制，严把入口关，做到好中选优。这是保证思想政治教育师资队伍质量的前提，也是确保思想政治教育师资队伍可持续发展的必然要求。

第一，严格准入条件，确保选优配强队伍。思想政治教育工作是综合性很强的工作，要求思想政治教育工作者必须具备良好的思想文化素质和专精广博的业务素质。首先，明确意识，端正思想，认真鉴别思想政治教育工作者的能力素质。高校要牢固树立思想政治教育工作的首位意识，端正用人的指导思想，达到人尽其才、才尽其用，切实把政治觉悟高、综合能力强、热爱思想政治教育工作的人才选拔到思想政治教育队伍中来，推动高校思想政治教育工作持续稳步发展。其次，结合实际，因地制宜，制定思想政治教育工作不同岗位的选拔标准和条件。中华人民共和国成立以来，特别是改革开放以来，党和政府制定的关于高校思想政治教育的系列文件对高校思想政治教育工作者提出了原则要求，这是高校选拔思想政治教育工作者的基本标准。高校在坚持德才兼备的基本原则和政治强、业务精、纪律严、作风正的基本要求的前提下，要正确处理需要与可能的关系，根据高校思想政治教育师资队伍现状和不同类别人员的岗位职责要求，对标准进行细化、量化，确定相应的准入标准和条件，选拔政治素质优、思想作风好、学历层次高、组织管理能力强，愿意做、善于做思想政治教育工作的人员来开展思想政治教育工作。对不具备资格或不符合从业条件者，一律不准进入高校思想政治教育师资队伍，避免什么人都可以做思想政治教育工作的泛专业和泛职业的倾向，杜绝不讲专业和职业要求随进随出的现象。坚持入口的高标准，才能保证队伍的高水平。如果降低准入标准，就会造成思想政治教育师资队伍建设的恶性循环，更不可能适应新时代高校思想政治教育工作的需要。

第二，坚持标准，公开选聘。高校思想政治教育工作者的选聘，要在明确思想政治教育工作的岗位数量和岗位职责的基础上，通过选拔、引进、外聘等渠道，采取公开招聘等方式，严把“入口”关，坚持条件、严把标准，实行竞争上岗、择优聘用，确保思想政治教育师资队伍的质量。严禁随意降低要求，更不能通过非正常程序，将不合格的人员安排进高校思想政治教育师资队伍。

目前，高校思想政治教育师资队伍中的新进人员大都是从高校应届优秀毕业生中招聘的，总体上说，这些毕业生能够胜任高校思想政治教育工作，有的还很快在岗位上做出了显著成绩，但是不可否认，许多从校门到校门的大学毕业生对马克思主义理论的理解、对社会的认识还处在一个比较表面的层次。一次性的笔试、面试，是很难深入了解这些毕业生内心深处的认识的，而高校难以通过长时间接触去全面准确地了解这些学生。如何才能从高校毕业生中筛选出优秀者担任高校思想政治教育工作者呢？笔者认为要把握好这样几点：一是切实择优考察。要把学习、品德、现实表现优秀的毕业生筛选出来，重点考察，择优录用。二是深入面谈。谈话内容要广泛，应当涉及学科理论、时政热点、政治品格等多个方面，从谈话中了解毕业生的价值观和认识能力。三是适当舍弃。对那些认识问题较偏激、思路狭窄、性格不佳者，要坚决舍弃。

第三，解放思想，扩大队伍来源。只有队伍来源广、选择面宽，才能“优中选优”，才能选准配强高校思想政治教育师资队伍。根据高校的实践经验，选拔人才充实高校思想政治教育师资队伍，可以通过以下途径：一是将从校内外选拔的那些年富力强的具有坚定的共产主义信念、一贯坚持党的基本路线、坚定不移地走社会主义道路、具有较丰富的专业知识、热心于思想政治教育、敢于创新的人才，提拔到思想政治教育工作的领导岗位上来，并依靠他们加强思想政治教育师资队伍的建设。二是从校内外业务工作第一线的先进分子中选拔人才，这是充实基层思想政治教育干部的主要渠道。三是从大专院校相关专业（如思想政治教育、教育学、管理学、心理学、社会学等）且符合条件的优秀毕业生中选拔人才。要做好这项工作，高校党委既要解放思想，大胆发现人才，又要严格把关，按组织程序进行，严格考核录用。

三、增强成长意识，提高队伍综合素质

高校思想政治教育师资队伍是培养人和塑造人的主体力量，其素质状况直接决定着思想政治教育的效果。为了尽快提高思想政治教育师资队伍素质，促进成员尽快成长成熟，高校除了要做好选配工作，还必须抓好对思想政治教育师资队伍的培养培训工作。

加强对高校思想政治教育师资队伍的培养培训，既是时代发展的需要，也是由思想政治教育师资队伍自身状况决定的。

首先，随着时代的发展，社会对思想政治教育工作者的素质要求也越来越高。一是经过40多年的改革开放，中国特色社会主义进入新时代，思想政治教育面对的对象、所处的环境以及所承担的任务都发生了深刻变化，现实生活中出现了许多新情况、新问题。一些问题比较复杂，仅靠思想政治教育工作者个人的力量难以把握问题的关键和实质，难以妥善地把问题回答好、处理好，这在客观上要求加强对思想政治教育工作者的教育培训，通过培训，用权威的声音解答思想政治教育工作中的普遍性困惑，让思想政治教育工作者在培训中加强学习和交流，在学习和交流中探索新的思路和方法。二是在信息化飞速发展的互联网时代，互联网已经成为社会生活的一部分，网络已经成为大学生学习、生活中不可或缺的一部分。网络的迅速发展为高校思想政治教育工作提供了新的方式和契机，也提供了广阔和丰富的教育资源。互联网已经成为思想政治教育工作的一个新的重要阵地。思想政治教育必须占领这个阵地，利用网络对大学生进行教育和引导。这就要求高校思想政治教育师资队伍掌握网络技术，学会利用网络开展思想政治教育工作。

其次，高校思想政治教育师资队伍总体素质与新时代思想政治教育面临的形势和承担的任务还不相适应。高校思想政治教育师资队伍中的从业人员忠诚

于党的教育事业，工作兢兢业业。但是我们也必须看到，这支队伍也存在一些问题，突出表现为理论水平偏低、科学文化知识不高、工作作风不够扎实、工作本领不过硬、工作方法不适当、现代信息技术技能较弱。一些教育工作者还没有认识到思想政治教育是一门科学，也没有经过专业训练，专业基础知识薄弱，业务水平不高，在思想政治教育中不能自觉地按照教育对象的思想活动规律和思想政治教育规律去进行工作，还没有克服思想政治教育某些方面的随意性和盲目性。

与政府部门的定期、定人培训相比，高校是思想政治教育人才培养培训的主阵地。高校思想政治教育师资队伍的培养培训，应根据具体实际因地制宜地进行。高校在思想政治教育工作者工作一定时间后，要有计划地将他们分期、分批送到其他层次比较高的学校脱产或半脱产进修学习，可以采用在职进修、专题学术研讨班、网上远程培训等学习方式；上岗前应结合他们的工作特点进行岗前培训；要注意通过交流、党政轮岗和挂职锻炼等多种途径丰富他们的阅历，提高他们的实际工作能力；要经常组织他们外出考察学习，以开阔视野、丰富知识。总之，高校应通过举办形式多样的培养培训活动，促使这支队伍及时更新知识、交流经验、扩大视野、提高理论水平和工作能力，以适应不断变化的新形势。

高校要做好思想政治教育师资队伍的培养培训工作，主要可从以下几个方面着手：①高校职能部门要做好培训规划，提供政策保障和资金支持。②遵循培训规律，规范培训内容。就培训内容来讲，一是开展党的基本理论和创新理论成果的培训。在当前的理论学习中，要加强中国特色社会主义理论体系，特别是习近平新时代中国特色社会主义思想的学习。二是开展各项专业知识，即业务知识的培训，同时开展心理学、教育学、伦理学、社会学、管理学等专业知识的培训。三是开展各类相关知识的培训，主要是培训中外历史、语言学、逻辑学、文学艺术、现代科学技术知识和现代信息技术。结合当前社会实际，尤其要加强社会主义市场经济知识和现代信息技术的教育培训，使思想政治教育工作者清醒而正确地分析经济形势和创新思想政治教育的手段、方法，增强思想政治教育工作的效果。在注重培训内容全面性的基础上，还要坚持循序渐进、突出重点、学贵专精、因人施教等原则，区分不同类型和层次，制订培训计划。要做到干什么学什么、缺什么补什么，在相关专业上实现“理论上通、知识上懂、技能上精”的目标。③增强培训的针对性，切实提高培训质量。如果培训形式单一、内容单调、针对性不强，培训人员的素质就不可能明显提高，培训就失去了应有的作用。因此，各级培训要把培训内容作为重点来抓，培训前应先搞好调查摸底，什么薄弱就重点培训什么，哪里存在问题就从哪里入手，避免眉毛胡子一把抓，使培训有的放矢，增强培训的针对性。④创新培训的方式、方法。要通过多样化的培训方式和培训方法增强培训吸引力，提升培训效果。有条件的高校可以组织培训人员外出参观学习，参加社会调查，增强培训人员的切身体会。⑤完善培训考核的方式，最大限度地发挥培训的功能。

高校应当引导和提倡思想政治教育工作者自学，以思想政治教育工作者素质的提高促进高校思想政治教育师资队伍整体素质的提高。习近平总书记指出："传道者自己首先要明道、信道。"① 思想政治教育工作者必先让自己受教育，并应自觉提升理论素养。为此，思想政治教育工作者应当保持处处学习、时时学习和终身学习的心态，尽一切可能充实自我。由于不同岗位的工作要求不尽相同，思想政治教育工作者要根据自身的素质结构和工作的具体要求，有针对性地进行自学。专业基础知识薄弱的思想政治教育工作者，更应抓紧时间学习，同时在工作实践中积累新知识、总结新经验、增长新本领。由于自学的制约条件较少，思想政治教育工作者既可以在工作中学习，也可以在闲余时间学习。因此，通过自学来提高思想政治教育工作者各方面的素质和能力，是加强高校思想政治教育师资队伍建设的一个行之有效的办法。

高校要引导和督促思想政治教育工作者积极实践，在实践中锻炼自己、总结经验、增长本领。实践出真知，理论从实践中来，又反过来指导实践。理论和实践应紧密结合。思想政治教育工作者学习专业知识、提高理论水平很重要，将这些理论知识运用于实践，并在实践中探索新知识、总结新经验更为重要。加强思想政治教育工作者对理论知识的学习，其直接目的就是更好地指导实践。当前高校思想政治教育面临许多新情况、新问题，许多问题的解决无经验可循，这就更需要思想政治教育工作者积极大胆投身于实践中，在实践中汲取新知识、总结新经验、提高工作能力。很多高校思想政治教育工作者都是通过"从家门到校门，从中学门到大学门"的途径成长起来的，缺乏社会实践的磨炼和严格的政治训练，不能积极地引导和教育学生。因此，高校思想政治教育工作者要敢于实践、勇于实践、善于实践，从实践中总结经验、获取知识，提高自己的工作能力和工作效率。

总之，高校有计划、有组织、有步骤地对思想政治教育师资队伍开展不间断

① 张烁．习近平在全国高校思想政治工作会议上强调：把思想政治工作贯穿教育教学全过程 开创我国高等教育事业发展新局面 [EB/OL]．(2016-12-09) [2023-05-23].http://dangjian.people.com.cn/n1/2016/1209/c117092-28936962.html.

的各种形式的培养培训，对于不断提高思想政治教育师资队伍的整体素质，落实党中央提出的“加强和改进大学生思想政治工作”，促进高校思想政治教育工作走向科学化和队伍建设走向专业化，具有重大意义。

四、增强创新意识，提升队伍工作能力

习近平总书记指出，“做好高校思想政治工作，要因事而化、因时而进、因势而新”①。随着中国特色社会主义进入新时代，思想政治教育的内容、目的和任务都相应发生了变化。如果高校仍然运用过去那种比较单调的工作方法，不能掌握和运用适应新形势的工作方法，势必会形成思想政治教育与教育对象相脱离的被动局面，不能达到思想政治教育的预期效果。因此，做好新时代的思想政治教育工作，关键是与时俱进，坚持改革创新，不断探索新思路、新方法，不断创新。

时代的发展日新月异，新科学、新技术、新知识不断涌现并逐渐改变着人类的生活。马克思指出：“在再生产的行为本身中，不但客观条件改变着，例如乡村变为城市，荒野变为清除了林木的耕地等，而且生产者也改变着，炼出新的品质，通过生产而发展和改造着自身，造成新的力量和新的观念，造成新的交往方式、新的需要和新的语言。”②现在的大学生朝气蓬勃、充满活力、积极自信，他们对新知识和新技术非常敏感且乐于接受，但知识体系建构尚未完成，世界观、人生观、价值观尚未完全形成，社会阅历尚不丰富，情感心理尚不成熟。对于伴随互联网成长起来的大学生，如果高校思想政治教育沿用传统模式，仍采用老方式、老办法，拒绝互联网技术等新手段，就会处处被动，难求实效。习近平总书记在全国高校思想政治工作会议上指出：“要运用新媒体新技术使工作活起来，推动思想政治工作传统优势同信息技术高度融合，增强时代感和吸引力。”③如何运用互联网等新媒体、新技术加强和创新高校思想政治教育，使之富有时代活力、更好地立德树人，这是高校思想政治教育工作面临的新课题。习近平总书记强调，思想政治工作“要因事而化、因时而进、因势而新。要遵循思想政治工作规律，遵

---

① 张烁．习近平在全国高校思想政治工作会议上强调：把思想政治工作贯穿教育教学全过程 开创我国高等教育事业发展新局面 [EB/OL]．(2016-12-09) [2023-05-23].http://dangjian.people.com.cn/n1/2016/1209/c117092-28936962.html.

② 马克思恩格斯全集：第 46 卷 [M].2 版．中共中央马克思恩格斯列宁斯大林著作编译局，编译．北京：人民出版社，2003.

③ 同①。

循教书育人规律，遵循学生成长规律，不断提高工作能力和水平”[①]。思想政治教育工作者把握教育规律，以教育对象为本，与时俱进，创新工作方法。

随着时代的发展，高校思想政治教育的环境、条件与对象都发生了巨大变化，创新是必然要求。可以说，高校思想政治教育比以往任何时候都更加需要创新。思想政治教育工作者要有创新的意识和理念。思想是行动的先导，理念决定努力的方向。因此，思想政治教育工作者面对信息化的新时代要有思想的敏锐性和开放度，要及时发现社会生活与学生思想的新变化，把握时代发展的脉搏，要有世界的眼光与开阔的胸怀，努力增强创新意识，敢于摆脱传统观念、思维定式和习惯做法的束缚，实现思想政治教育的手段和方法创新，使高校思想政治教育“活”起来。

注重引导式教育。互联网是新形势下铸魂育人的重要阵地，占领它就意味着抢占了思想政治教育新高地。要充分发挥校园网的管理优势、力量优势和话语权优势，依托制度机制、宣教策略和技术手段，构筑生动活泼、富有传播力的舆论场。要创设充满正能量的网络空间环境，在正面引导中使大学生做出正确的价值选择。要着力强化互联网信息的权威性和可信度，坚持丰富经典原著、创新理论等教育资源，构建思想政治教育资料库，抢占网络思想政治教育信息传播的先机和制高点。

实行融合式教育。利用网络工作机制的多变性和网络信息形式的多样性特征，以多种方法和手段，将不同形式、不同内容的信息进行有序传播，将教育由平面转向立体、由静态转向动态。研发大学生思想调查分析系统，开展网上问卷调查、大数据分析，全面快捷地了解、掌握大学生思想状况，提升思想政治教育的针对性和实效性。必须要强调的是，创新思想政治教育的方式和方法，并不是否定所有的传统方法。守正创新，坚持好办法、改进老办法、探索新办法，才是正确的态度。在长期的思想政治教育工作实践中，中国共产党通过不断探索和总结，形成了许多行之有效的思想政治教育工作方式和方法。这些好的方式和方法是高校的宝贵财富，是必须继承和发扬的，是新时代思想政治教育方式和方法创新的基础和前提。

以理服人。思想政治教育的对象是人，做人的工作就要增强说服力，做到以

---

① 张烁．习近平在全国高校思想政治工作会议上强调：把思想政治工作贯穿教育教学全过程 开创我国高等教育事业发展新局面［EB/OL］．(2016-12-09)［2023-05-23］.http://dangjian.people.com.cn/n1/2016/1209/c117092-28936962.html.

理服人。马克思指出:“理论一经掌握群众，也会变成物质力量。理论只要说服人，就能掌握群众；而理论只要彻底，就能说服人。”①这就要求思想政治教育工作者在做工作的过程中，要耐心细致，对问题的分析、解释要透彻，容易使人理解，从而使工作对象对问题认识得比较清楚。

以情感人。思想政治教育是一种集塑造教育、改造教育和养成教育于一体的综合性工作，必须顺应人的思想形成发展规律。在开展思想政治教育时，“……只能用爱来交换爱，只能用信任来交换信任，……如果你想感化别人，那你就必须是一个实际上能鼓舞和推动别人前进的人”②。思想政治教育工作就是要动之以情、晓之以理、导之以行，才能“润物细无声”，起到春风化雨的作用。

言传身教。思想政治教育工作者是做好思想政治教育的一个活因素。思想政治教育工作者的思想、学识、行为、品德和人格魅力对思想政治教育对象具有极强的示范和榜样效应。周恩来在抗战时期指出，“政治工作人员本身必须在思想上、政治上、行动上能够做全体官兵的模范，忠实于革命主义，以百折不挠的意志，艰苦耐劳的作风，去影响全体官兵；以谦逊和睦的态度、耐心说服的精神，去团结全体官兵”③。这就要求思想政治教育工作者要严以律己，带头向先进典型看齐，带头实践自己宣传的主张，真正做到言传与身教相统一。另外，要善于发现体现时代精神、紧扣时代脉搏、植根于人民群众、有深厚群众基础的先进典型，并大力宣传典型。只有这样，思想政治教育工作者才能提高威信，提高思想政治教育的效果。

实事求是，一切从实际出发。实事求是是马克思主义的基本原则，是党的思想路线的核心内容，是一切工作的思想方法和工作态度。马克思和恩格斯指出：“真正的解放不可能是别的，只能在现实世界中并通过现实的手段加以实现。”④思想政治教育工作者要有实事求是的工作态度，一切从实际出发，在工作中既要与社会生活、单位和教育对象的思想、生活实际及其关心的热点问题结合起来，避免空洞说教，又要善于分析对象的不同，采取不同的工作方法，切忌本本主义和教条主义。“只有这样按照事物的真实面目及其产生情况来理解事物，任何深奥

① 马克思恩格斯选集：第1卷 [M].3版．中共中央马克思恩格斯列宁斯大林著作编译局，编译．北京：人民出版社，2012.

② 马克思恩格斯全集：第42卷 [M]．中共中央马克思恩格斯列宁斯大林著作编译局，译．北京：人民出版社，1979.

③ 周恩来选集：上卷 [M]．北京：人民出版社，1980.

④ 同①。

的哲学问题……都可以十分简单地归结为某种经验的事实。”① 只有这样，思想政治教育才能达到事半功倍的效果。

五、增强考核意识，调动队伍积极性

思想政治教育师资队伍是高校思想政治教育的组织者、实施者，队伍状况直接决定着高校思想政治教育的兴衰成败。马克思指出：“人们奋斗所争取的一切，都同他们的利益有关。”② 利益是人们行动的基本动因，良好的利益激励机制是做好一切工作的“助推剂”。要增强思想政治教育的说服力和感染力，高校必须进一步建立健全科学的考核评价机制和配套的利益激励机制，对思想政治教育工作者的工作实行全方位、定性与定量相结合的全面、及时、科学的考核，并将考核结果与思想政治教育工作者的利益挂钩，切实体现“干与不干不一样，干好干坏不一样”，充分调动思想政治教育工作者的积极性。

第一，建立科学的考核评价体系。增强思想政治教育的实效性，应建立相应的考核评价体系。

完善考核评价体系，提高考核评价的科学性。考核评价指标的确定关系着如何来判定高校思想政治教育工作者的工作表现。确定合理的考核标准，既可以让被评价者有一个努力的方向和标准，也可以使考核高校思想政治教育工作者的依据公开、公平。对高校思想政治教育工作者的考核，一般包括德、能、勤、绩、廉等几个方面。“德”主要是指思想政治教育工作者自身的政治素质、道德品质和工作作风；“能”主要是指思想政治教育工作者关于高校思想政治教育工作的业务知识和工作能力；“绩”主要是指思想政治教育工作者的工作效能，如工作数量、质量、效益和贡献等；“勤”主要是指思想政治教育工作者参加学校、学院或年级的理论学习和业务学习的自觉性、主动性和出勤情况，以及基本理论、履行职责必备知识的掌握情况等；“廉”主要是指思想政治教育工作者的廉洁情况，是否利用工作便利谋取不正当利益。

高校在确立思想政治教育师资队伍考核标准时，要考虑到思想政治教育工作的特殊性。以“绩”的考核为例，不能采取单一的定量方法来考核。思想政治教

① 马克思恩格斯选集：第1卷 [M].3版．中共中央马克思恩格斯列宁斯大林著作编译局，编译．北京：人民出版社，2012.

② 马克思恩格斯全集：第1卷 [M].2版．中共中央马克思恩格斯列宁斯大林著作编译局，编译．北京：人民出版社，1995.

育师资队伍的绩效内容与标准明显区别于一般教学科研岗位或行政岗位的教师。一般教学科研岗位有很多绩效可以量化，如课时量可以量化并按量取酬，科研工作也可以按论文数量和等级、课题立项数量和等级等进行评价；一般行政岗位可以用出勤率和工作有没有重大失误等来衡量。但对于高校思想政治教育工作者来说，一般的工作态度，如考勤率等只是一个标准，其绩效体现为大学生的政治素质和思想道德素质的变化和提高。这个绩效是隐性的而不是显性的，无法用数量来衡量。同时，思想政治教育是长线工作，短期内很难看出效果。因此，高校对思想政治教育师资队伍进行考核时，要结合思想政治教育工作的特殊性质，坚持定量与定性相结合、以定性为主的原则。一方面，针对思想政治教育师资队伍日常工作过程的考核可采用一些可量化的数据，以使评价更科学、易操作；另一方面，针对思想政治教育队伍工作结果的考核要侧重于设计定性标准来考核，以使评价更全面、深入和有效，真正有效地反映高校思想政治教育师资队伍的工作实效、工作态度、工作作风和工作能力。

第二，建立完善的激励机制。激励是以外部刺激的方式对人的行为起着加速或抑制作用的一种激发或鼓励，是激发人的行为动机的心理过程。激励分为正向激励（奖励）和负向激励（惩罚）。通过奖励机制，对在高校思想政治教育工作中业绩突出、认真负责的个人或集体给予精神或物质的嘉奖，既可以满足其成就感的心理需要，也可以对其他相关人员起到某种示范和引导作用；通过惩罚机制，对在高校思想政治教育工作中存在懈怠或出现失误并造成不良后果的个人或集体进行必要的惩戒，可以阻止其继续犯错，激励其努力向上，对其他相关人员或集体也能够起到一定的警示作用。

第三节　高校思想政治教育师资队伍的强化

一、推进高校思想政治教育师资队伍规划与体制建设

为增强高校思想政治教育教学的实效性，高校应充分调动思想政治教育工作者的主动性和积极性。基于这一认识，高校要将思想政治教育师资队伍建设纳入学校师资队伍建设的总体布局之中，同时也要根据思想政治教育工作的实际需要，建立科学性与规范性的制度，如选拔任用制度、培训制度、考核制度以及人事激励制度等。加强考核工作是高校思想政治教育师资队伍管理的重要环节。高校要

立足于工作实际，建立有一定科学性和可操作性的考核体系，并将考核体系纳入学校教师工作考评的整体框架，灵活运用定量分析和定性分析等评价方法，将岗位聘任、津贴标准、职级待遇、职称晋升以及绩效考核有机结合起来。在思想政治教育工作者的职务聘任中，要充分考虑思想政治教育实践性强的特点，注重考核从业人员的思想政治素质、政策水平以及从事思想政治教育工作的能力。无论是在职务聘任时还是在工作考评过程中，高校都要严格遵循相关制度的要求，不断提高思想政治教育工作者的主动性和积极性，为思想政治教育教学提供人才力量支持。

二、提高高校思想政治理论课教师的师德建设

高校思想政治理论课教师是马克思主义理论和党的路线、方针、政策的宣讲者，是社会主义意识形态和主流价值观念的传播者。提高高校思想政治理论课教学质量和教学效果，关键在于教师。

（一）强化理论学习，提升思想政治理论课教师的理论修养

思想政治理论课教师对于学生学习与成长发挥着示范和引导作用，其言行是一种无形的力量。因此，在进行高校思想政治教育过程中，思想政治理论课教师要以身作则，做到言行一致。思想政治素质是高校思想政治教育师资队伍的一种基本素养，具体表现在以下几方面。

1. 正确的政治方向

高校思想政治理论课教师既要树立坚定的理想信念，也要确立正确的政治方向。只有坚持正确的政治方向，思想政治理论课教师才能排除各种因素的干扰，坚定不移地按照党和国家的要求以及社会主流价值观念开展思想政治教育教学活动，教育和引导当代大学生沿着正确的政治方向不断前进。现阶段，这种政治方向体现在，要毫不动摇地贯彻和落实党的基本路线，坚持中国特色社会主义理论体系，培育和践行社会主义核心价值观，树立为实现中华民族伟大复兴中国梦而不懈奋斗的信念。

2. 坚定的政治立场

政治立场是指社会个体在观察和处理问题的过程中所具备的根本政治态度。高校思想政治理论课教师要有坚定的政治立场，其政治立场具体体现在两方面：一是坚决维护党和人民的利益，积极宣传中国特色社会主义理论和社会主义核心价值观，宣传党的路线、方针和政策，坚决拥护党的事业；二是坚决同各种不良思想行为做斗争。高校思想政治理论课教师只有政治立场坚定，才能具备辨别是

非的能力，才能更好地推进思想政治教育工作。

3. 较高的政治理论水平

较高的政治理论水平是高校思想政治理论课教师明辨是非的基础。作为一名专业的思想政治理论课教师，必须具备较高的政治理论水平，提高明辨是非的能力，以正确处理大学生遇到的问题，做好大学生的思想政治教育工作。广大教师要积极学习党的最新理论、路线、方针、政策，深刻认同社会主义主流价值观，并以此来要求自我和大学生群体。

4. 坚定的理想信念

理想信念体现了一个人的政治立场和世界观，是人的精神世界的重要支撑。思想政治理论课教师要坚定中国特色社会主义信念，以中国特色社会主义共同理想为奋斗方向。只有信念坚定，才能明确前进的方向，进而产生战胜各种困难和挫折的强大精神动力，才能自觉地把共产主义远大理想、中国特色社会主义共同理想同现阶段的任务紧密结合起来。高校思想政治理论课教师要坚定理想信念，积极投身于教育事业，以高度的事业心、坚定的信心、高度的责任感以及顽强的毅力开展思想政治教育工作。

（二）加强师德建设，提升思想政治理论课教师的职业道德素质

教师的职业道德对教学行为有着广泛而深远的影响，其职业道德素质与教学效果息息相关，其职业道德行为对于广大学生有着鲜明的示范作用。因此，思想政治理论课教师要想取得良好的教学效果，取得高校思想政治教育工作的成功，必须严格按照职业道德规范要求自己，这样才能赢得同行和学生的信赖与尊重。

1. 热爱祖国，奉公守法

一方面，教师要热爱祖国、热爱人民，坚决拥护中国共产党的领导地位，大力支持中国特色社会主义建设事业。另一方面，教师要在相关法律法规的要求下开展教学工作，即坚持依法执教。依法执教要求教师在教育教学过程中，积极贯彻与落实党和国家的教育方针，遵守各种法律法规，如《中华人民共和国教育法》《中华人民共和国教师法》等，依法履行教师职责，不得出现违背党和国家方针与政策的言行。

2. 敬业精神

对从事教学工作的教师而言，崇高的敬业精神是一种不可或缺的品质。大学生思想政治教育是理与情相交织的实践活动，教师潜移默化的影响能够起到重要的作用。教师要认识到岗位的光荣和责任的重大，要有强烈的敬业意识、忠诚本

职工作的事业心、敬重本职工作的责任感以及成就本职工作的使命感，全身心地投入研究工作和教学工作之中，不断提升自身的施教能力，在崇高的敬业精神的引领下帮助当代大学生树立正确的人生观和价值观。

3. 尊重学生、热爱学生

尊重学生、热爱学生是广大教师顺利推进教学工作的一个重要前提。教师应给予学生尊重和热爱，只有尊重和热爱学生才能以更大的热情投入教学工作中。换言之，对学生缺乏热情的教师并不是真正意义上的优秀教师。尊重和热爱学生具体体现在以下几方面：一是关心学生、了解学生。教师只有真心实意地关心学生，以真才实学教导学生，以真知灼见感染学生，才能获得良好的教育效果。全面了解学生是教学工作的起点与关键，对学生的全面了解是一项长期的、贯穿于教学全过程的重要工作，需要教师投入大量的爱心、时间和精力。二是尊重学生、信任学生。尊重学生的人格和自尊心，尊重学生的个性、爱好和隐私，平等地对待学生，构建互信、和谐的师生关系。三是严格要求学生。严格执教也是热爱学生的一种体现，其“师严”也是建立于“爱徒”基础之上的“师严”。四是公平公正地对待学生。现代社会倡导公平正义，在思想政治教育教学过程中，更要体现公平正义，无论所教学生的智力、家庭背景、性格等有何种表现，教师都要一视同仁，以深化学生对公平公正的认识，并使他们形成公平公正的为人处世理念；要充分尊重学生的主体地位，引导学生民主、平等地参与教学活动。

4. 身正为范的品德

人的道德修养是一种无形的教育力量，能够对教育对象的思想与行为产生重大影响。高校思想政治理论课教师担负着传播马克思主义、社会主义核心价值观，提高大学生思想觉悟和道德素质，帮助大学生确立积极向上的人生态度，培养社会主义建设者和接班人的重大使命。因此，高校思想政治理论课教师只有关注社会、关注党和国家的命运，具备强烈的社会责任感和使命感，才能充分调动大学生的社会责任意识，唤起大学生对社会发展中各种热点和难点问题的关注与思考，才能引导他们沿着正确的道路和方向不断前进。

三、加强业务学习，提升思想政治理论课教师的业务素质

在高校思想政治教育教学活动中，思想政治理论课教师必须具备扎实的理论基础和较高的能力素养，即具备丰富的理论知识、良好的教学能力，以及科研能力和网络媒介素养。

（一）丰富的理论知识

高校思想政治教育工作具有知识性、专业性和综合性的特点，这些特点对思想政治理论课教师的业务素质提出了较高要求。高校思想政治理论课教师的理论知识主要包括两方面内容。第一，思想政治理论课教师进行思想政治教育的目的在于教育和引导大学生树立正确的世界观、人生观和价值观，促使当代大学生成长为适应社会发展需要的高素质人才。这要求他们必须全面而深入地掌握马克思主义理论、中国特色社会主义理论体系、社会主义核心价值观等理论知识。第二，高校思想政治教育体现出显著的思想性与针对性，这些特性要求思想政治理论课教师必须具备扎实的思想政治教育专业知识，这些知识构成了他们开展思想政治教育工作的必要前提，是教育工作顺利推进的理论指南，同时也是他们把握思想政治教育规律、运用科学方法开展思想政治教育工作的重要保障。

（二）良好的教学能力

教学能力是对教学信息的加工和传导能力，以及对教学的组织管理能力，即我们通常所说的教学技能和教学技巧。教学能力是思想政治理论课教师能力结构中的核心部分。教师只有具备对教学信息进行合理加工和传导的能力，才能引导学生接受和掌握教学内容；只有运用思想政治教育专业知识，在教学实践中了解受教育者的心理活动规律，准确把握大学生的思想动态，才能对其进行有效的影响和引导，从而营造生动活泼的学习氛围，促使学生真正融入教学过程中。

（三）科研能力

科研能力体现在教师对专业知识和教育理论的刻苦钻研上，体现在高校思想政治理论课教学中就是教师要积极关注本学科的科研动态和学术信息，追踪学科前沿，并结合时事热点和焦点问题，不断促进思想政治教育教学质量与大学生思想道德素质的提升。

（四）网络媒介能力

网络媒介能力是指高校思想政治理论课教师利用网络媒介增强思想政治教育工作效果的能力。思想政治理论课教师应具备三方面的媒介能力，即网络媒介的运用能力、分析和制作网络信息的能力以及对网络媒介的批判和反思能力。

1. 网络媒介的运用能力

网络媒介的运用能力是指思想政治理论课教师掌握必要的媒介基础知识，能够运用媒介设备开展思想政治教育工作的能力。网络媒介的运用能力是思想政治理论课教师应必备的能力。思想政治理论课教师只有在了解网络基础知识、熟练运用网络设备的基础上，才能正确使用网络工具对网络信息进行检索、存储和制作。随着互联网时代的到来，特别是“互联网＋”时代的到来，互联网与高校思想政治教育之间的联系更加密切。为适应时代发展形势和高校思想政治教育的创新要求，思想政治教育理论课教师必须具备运用网络媒介的基本能力，具体而言，既要具有利用网络媒介信息的能力，也要具有使用各种教学媒介的能力。第一，思想政治理论课教师要熟练掌握各类网络常用信息媒介的操作方法，如Office、Photoshop等应用软件，Internet Explorer、Firefox等浏览工具，百度等搜索引擎，网络下载工具，网易等电子邮件收发工具，常用的QQ、微信、微博等互动交流工具。第二，思想政治理论课教师要有较高的外语水平。在信息化和网络化的时代发展背景下，思想政治理论课教师的外语水平，特别是英语水平，已成为其综合素质的重要组成部分。随着信息技术的迅猛发展和互联网技术的广泛应用，全球信息呈高速融合的发展态势，国际上最新的网络技术的交流与使用很多是通过英语向世界推广的，因而思想政治理论课教师具备较高的英语水平，有助于其提高获取信息的能力，并且提升其运用网络的能力。

2. 分析和制作网络信息的能力

分析和制作网络信息的能力是指思想政治理论课教师利用已获取的有益信息，遵循思想政治教育基本原理，并结合网络的应用，分析和创作出适合高校思想政治教育教学工作所需材料的能力。随着互联网与教育的深度融合，思想政治理论课教师既要具备必要的业务能力，也要根据时代发展要求，不断完善与优化个人的能力结构，应具备科学、创造性地分析和制作网络信息的能力，以更好地服务于思想政治教育工作。

思想政治理论课教师应具备的分析和制作网络信息的能力体现在两方面。一方面，思想政治理论课教师应具备较高的信息整合能力。进入互联网时代，信息数量极速增长，而且网络信息尤为繁杂，高校思想政治理论课教师作为大学生树立思想意识与价值观念的重要指导者，不能简单地堆砌信息，而要通过互联网获取各种有益信息，综合运用文字、声音、图像等多种表现手法，对所收集的信息资料进行汇编和整合，使之体现深层次的内涵。另一方面，思想政治理论课教师应具备创新思想政治教育教学的能力。网络信息有着传播速度快、范围广、更新快等特点，在激烈的意识形态斗争领域，思想政治理论课教师应充分利用网络媒体资源，不断提高广大学生甄别信息和加工信息的能力，并且将网络思想政治教育作为大学生思想政治教育的一种渠道和手段，以争取意识形态斗争的主动权。因此，思想政治理论课教师应主动适应互联网时代的特殊要求，找准高校思想政治教育工作的新选题，探索思想政治教育教学的新方式，站在时代前沿，以多种途径与大学生展开沟通和互动，以创立思想政治教育的新局面。

3. 对网络媒介的批判和反思能力

对网络媒介的批判和反思能力是指思想政治理论课教师运用马克思主义基本原理，结合现有的知识储备对网络信息进行甄别，揭示信息背后所隐藏的意识形态、商业和情感等诉求，从而科学认识和把握信息的能力。对网络媒介的批判和反思能力不仅是网络健康发展的内在要求，也是民主社会的重要特征，它是思想政治理论课教师网络媒介素养的一种核心能力。

网络媒介既能够真实地反映信息，也具有更改现实的功能。在以互联网为途径和载体的传播过程中，信息被赋予政治、经济、文化等各种色彩，进而表现为某种意识形态或价值观念，导致互联网环境呈现出显著的复杂性。因此，思想政治理论课教师要对各种网络信息保持清醒的认识。对网络媒介的批判和反思能力有助于思想政治理论课教师在面对不良信息时保持正确立场和态度，不为各种不良价值观念所侵蚀。同时，思想政治理论课教师也要主动成为网络信息的积极受众，以一定的批判意识和反思能力对互联网环境中的各种信息进行独立判断，并在反思过程中形成独特的认识，不断增强自身的信息甄别能力，依靠较高的网络媒介素养开展思想政治教育工作，保障思想政治教育教学活动科学推进。

第四章　高校思想政治教育对大学生精神动力的培养

本章介绍高校思想政治教育对大学生精神动力的培养，主要包括两方面内容，分别是高校思想政治教育视角下大学生精神动力培养概述、高校思想政治教育培养大学生精神动力的方法、路径和措施。

第一节　高校思想政治教育视角下大学生精神动力培养概述

一、相关的概念和内涵

在日常生活中，人们经常会使用“精神动力”这一词语，但是对于其所蕴含的科学含义并不十分了解。因此，在进行精神动力研究之前，必须先回答“什么是精神动力”这个基本问题，通过深入阐释精神动力的概念，准确理解精神动力的本质，在此基础上，对于大学生精神动力的内涵进行更为细致的分析。

（一）精神动力

1. 精神动力的定义

精神动力是与物质动力相对而言的一个名词概念，是人的理想信念、思想觉悟、价值取向、道德情感、意志力等各类精神因素对人所从事的一切实践活动及社会发展产生的重要精神推动力、精神作用力和精神影响力。这一界定试图对精神动力概念的丰富性加以诠释。关于精神动力的概念，还应把握以下两点。

第一，人的头脑只有将各类精神因素变为真正存在，人的实践活动才会有动力推动。换言之，人只有将有益于自己发展的思想理论、价值取向、道德情感、意志力进行内化，主体的精神力量才会在实践活动中得以推动。由于不同主体内化的精神因素不同，其形成的精神动力也就截然不同。例如，若一定主体内化了积极的精神因素，精神动力的积极方面就会产生作用；若一定主体内化了消极的精神因素，精神动力的消极方面就会产生作用。在一定社会或社会群体的内部，若社会或群体成员接纳的是精神因素的相同部分，精神动力便会产生相同部分，整个社会的凝聚力或社会群体的向心力就会增强；若社会或群体成员接纳的是精神因素的相异部分，精神动力便会产生相异部分，整个社会的凝聚力或社会群体的向心力就会减弱。因而，我们不仅要让主体内化积极的精神因素，发挥主体精神动力的积极作用，而且要让社会或群体成员把精神因素的相同部分内化，进而使整个社会群体形成并增强精神动力的相同部分。

第二，人的头脑是把推动人进行实践活动的物质因素转化为人的实际动力的载体。无论是精神因素还是物质因素，都需要经过人的头脑传输，先成为人意识中的自觉因素，再在人的头脑里形成意志动机。只有如此，人的实践活动才能得到影响和推动，从而转化为实际动力。事实上，推动人行为的物质动力也是以精神动力的形式显现的。一定的精神动力由物质动力转化而来，物质力量也随之变强，从而推动人的实践活动。人类反复用实践证明，我们要留意隐藏于精神动力中的物质动力，我们更要留意物质动力可以转换为精神动力。

2．精神动力的本质

对精神动力定义进行完整诠释的目的是追寻精神动力的本质。研究精神动力的本质就要涉及其根本属性，这是一种内在且持久的、所有精神动力共有的性质。但精神动力的这种根本属性是其他任何动力所不具备的，因此是其本身所特有的。精神动力的本质，就是在社会一定的物质生活和实践活动基础上形成、发展起来并作用于人的精神的能动性的集中表现。精神动力最突出、最集中地表现了人的精神的这种能动作用，有以下原因。

第一，人的精神具有能动的创造性。在一定条件下，人的精神、意识对世界既可以进行客观反映，又可以进行主观创造。在客观世界里，对精神、意识的正确反映是具有一定积极性、主动性与创造性的，而不是具有消极性、被动性与机械性的。如此说来，这种无穷的创造力是由具有创造性的精神、意识本身所产生的，人们的观念创造就可以更好地转变成现实创造。

第二，人的精神具有能动的促进性。如前所述，人的活动，尤其是实践活动，是一种自觉能动的活动。人的头脑里如果形成精神、意识，就会能动地自觉促进人的实践活动并使其发挥巨大作用。人的精神的能动性要通过主体的实践活动得以展现。主体的精神在其实践活动中会有促进性的能动作用，这是精神动力的最好体现。必须明确的是，只有发挥精神动力的能动促进作用，人的实践活动才能顺利进行；只有人的实践活动得以深入展开，精神动力的能动促进作用才能得到良好发挥。

（二）大学生精神动力的内涵

对精神动力概念的把握有利于分析大学生精神动力的内涵。研究大学生精神动力的内涵不仅有助于对精神动力的本质进行深入理解，而且有助于分析大学生精神动力培育的意义，也为分析大学生精神动力缺失的表现及成因奠定了基础。大学生精神动力，即大学生的理想信念、思想觉悟、价值取向、道德情感、意志力等各类精神因素对其从事一切实践活动及社会发展所产生的重要精神推动力、精神作用力和精神影响力。大学生只有在头脑中将各类精神因素变为真正存在，其实践活动才会有动力推动。

大学生在具体的实践活动中，若把有益于自身发展的精神因素主体化，便会产生积极的精神力量；反之，大学生若把有碍于自身发展的精神因素主体化，便会产生消极的精神力量。因此，大学生要有鉴别能力，要自觉屏蔽不利的精神因素，不断激发有利的精神因素，充分发挥主观能动性，使其精神动力的促进作用、辐射作用、创造作用更好地汇聚起来，以服务于其实践活动。

二、当前部分大学生精神动力缺失的主要表现

当今，一些大学生存在一种不平衡的追求态度，即注重追求物质享受，但忽视精神上的追求。这种倾向往往导致他们没有动力，并且没有精神力量。我们可以将部分大学生精神动力缺失的主要表现概括为思想觉悟不高、价值取向偏离、道德情感匮乏、意志力较差。

三、思想政治教育视域下大学生精神动力培育的重要意义

“精神动力是人特有的内在品质，是思想政治教育的重要元素，是推动个人和社会发展的强大力量。大学生思想道德品质的提升离不开精神动力的推动。”[①]在思想政治教育的视角下，研究大学生精神动力培育的重要性，这是基于对精神动力等有关研究进行的，也可以看作从另外一个角度对大学生精神动力培育意义的回复。大学生精神动力的培养不仅是符合时代发展的必然需要，还是思想政治教育的必要内容，也是能够让大学生接受全面教育与取得进步的路径。

① 周茹．思想政治教育视域下大学生精神动力培育研究［D］．延安：延安大学，2019．

（一）适应时代进步的客观要求

时代的进步需要我们有宏大的理想，想要实现宏大的理想就应该有顽强的意志与信念，这样才可以凝聚强大的力量。高校中大学生对于精神动力的看法，以及精神动力的力量持久度，都与中国梦的实现有着密切联系。所以说，现代社会更紧迫且更加重视对大学生精神动力的培养。

当前的大学生大部分成长于社会快速转型的时期。人们的生活水平有了很大的提高，然而精神文明方面的建设还存在一定的不足。不良社会风气不可避免地影响着大学生“三观”的形成，导致一些问题出现，如理想信念不清晰、缺乏一定的道德情感等。长时间这样发展下去，大学生就会慢慢失去精神动力。

个人的生存与成长都应该有精神动力的不断促进，同理，社会的变革与进步也应该有精神动力的促进。精神动力对个体具有重要影响，对国家和民族的发展更是关键。培育大学生的精神动力，则是顺应时代进步的必要措施。作为连接过去与未来的纽带，大学生需要在思想上形成正确的观念，坚持正确的价值取向，并最终使这些精神因素成为自身积极的精神动力。在日常生活和学习中，大学生要紧密联系国家、民族和个人的梦想，在意识中要无时无刻增强精神动力。只有紧跟时代发展的步伐，珍惜眼前的机遇，努力奋斗，才能让中国梦尽早成为现实。

（二）思想政治教育的题中应有之义

1. 思想政治教育功能方面

思想政治教育的基本作用是激发人的积极性、自觉性与创造性，提高其思想政治方面的素质，并让他们内心变得更加强大，总的来说，就是让精神动力得以激发。大学生的意志状态对于未来的发展至关重要。为此，我们需要了解大学生应该具备哪些精神动力，应该怎样让思想政治教育有着更加突出的展现，以激发大学生的内在潜能。以上这些情况，不管是从思想政治教育的基础理论还是应用理论的发展来看，都需要加强对大学生精神动力培育的研究。

2. 思想政治教育任务方面

对大学生的内在精神素质进行培养时，需要重视思想政治教育的作用。为了确保思想政治教育取得突出的成就，要求大学生必须具备科学的理论知识，以极强的理想信念为引领，始终保持良好的精神状态与乐观的心态，始终坚守高尚的道德情操，注重法治意识的提升，丰富自身的精神世界。这些因素恰恰是培养大学生精神动力必不可少的。

（三）实现人的全面发展的有效路径

按照马克思主义的观点，人的成长必须全方位发展，不可仅局限于某一方面，否则就会成为“残缺的人”。人与动物的根本差别在于人是具有全面心智的生物。动物缺乏思考，只受本能驱使。人的成长离不开两个方面的推动力，一是物质方面，二是精神方面。一个人的全面发展受精神动力的影响。大学生有着高等教育体验，是社会中的高素质人才储备，他们的全面发展与我们国家与民族的发展密切关联。高校思想政治教育的任务旨在促进大学生全面发展。

受国际环境的影响，大学生在实现全面发展方面，虽然具备一定的有利条件，但也面临着不容忽视的巨大挑战。当今世界在政治、经济和文化领域都呈现出多极化和多元化的发展趋势。因此，我们必须关注西方文化思想与价值观念对高校大学生带来的影响，以免他们受到不良生活方式的侵害。

培养大学生的精神动力，能够让他们以马克思主义为指导、以辩证唯物主义为出发点去理性地看待国内外繁杂的局势。注重大学生的思想政治教育工作，能够更好地平衡不同价值观的多元性与思想的一致性；能够让大学生走上正确的道路，防止出现消极情绪。这不仅有助于大学生保持良好的精神状态，也让精神动力得以保持稳定与持久，并有助于实现积极精神动力的价值，最终实现大学生的全面发展。总的来说，在思想政治教育的范围内去培养大学生的内在精神动力是非常关键的。

第二节　高校思想政治教育培养大学生精神动力的方法、路径和措施

一、培育大学生精神动力的方法

作为年轻一代的杰出代表，大学生是国家将来进步的核心要素，承载着家庭与社会的殷切期望。他们只有具备良好的、强劲的精神动力，在实际行动上才会更加果敢与奋进。以下是让大学生拥有良好的、强劲的精神动力的几种方法。

（一）激励法

一个人的心理激励程度与外界的刺激密不可分，这是由于外界的刺激能够让个体的物质与精神需求得到满足。激励手段可以激发人们的内在动力，促使人们产生更高层次的需求，特别是精神层面上的需求，可以鼓励人们进行再一次的实

践尝试。因而，激励是一种基本的精神动力激发手段，能够让人们对现实不满足并不断努力上进。要充分利用物质层面的激励影响，因为适当利用物质的激励手段能够激发人的动力和行动意愿。

在现实生活中，物质因素往往是驱使人们采取行动的主要动力，其激励作用最为显著，能够被广泛地接受和认同。例如，奖学金能够激发大学生学习的积极性。在教学的时候，思想政治教育工作者借助物质奖励的手段，并辅以职业生涯规划方面的教育，帮助学生认识到只有自己的能力有所提升，才能适应将来的工作，从而达到激励他们的目的。

要注意利用精神因素进行激励。人类的需求是非常复杂和高级的，包括对尊重的需求、自我实现的需求等各个方面。倘若人类的精神需求得到了一定的满足就可以激发强大的内在动力。针对大学生而言，教师适时的表扬与鼓励、学生之间良好的人际交往等都会激发出非常强的精神动力。开展“红色旅游”活动对于激发当代大学生的革命热情与奋斗精神大有裨益，可以让他们汲取革命年代的各种伟大精神力量，继承优良的革命传统，并让他们浮躁的内心变得平和。为了能够让学生的思想问题得以解决，应让他们在社会主义市场经济条件下尽可能追求合法的物质利益，同时自觉追求高于物质层面的理想信念。为此，我们应该借助构建中国特色社会主义和谐社会的共同理想让他们更加奋进向上。

（二）体验法

体验法是利用某种手段让人感受到影响与产生身心体验的一种方法。在进行高校思想政治教育的过程中，教师要注意创造一些体验条件与营造良好的氛围，如通过模拟情境、参观实践等方式来进行。举例来说，当教师讲解《为人民服务》时，就可以在张思德墓前讲述该作品的写作背景与具有的历史影响，可以让学生深刻理解共产党全心全意为人民服务的信念是怎么形成的，又经历了何等艰苦的过程，这样更能让学生记忆深刻。

红色旅游活动发挥着重要的作用，能够激发大学生的精神动力。高校思想政治教育工作者应该安排大学生在课余时间去革命纪念馆与革命遗址参观，以缅怀先烈的丰功伟绩，让革命精神得以传承。这样做有助于大学生深刻了解革命的历史过程，坚定共产主义信仰，并帮助他们提升文化素质，更好地参与到社会主义现代化建设当中。

（三）榜样法

榜样法是一种思想政治教育方法，它借助传播优秀人物的先进思想和事迹，激励人们学习和效仿他们的高尚品德和模范行为，以此树立正确的信仰观念。采用榜样法可以通过具体的案例，变抽象难懂为通俗易懂，从而吸引大学生的注意力，促进大学生更深入地思考和理解思想政治教育的内涵，提高教育效果。这种方法在实际教学中使用较多。

一般认为，事物的进展总是不平均的，不同领域的进展程度也存在较大的差异。这同样适用于人们的思维和意识。考虑到大学生的认知水平和思考方式的不同，高校需要利用典型的人物和情境，来引导他们进行学习和思考。典型的人物与事迹均有着以下特点：既代表了普遍性，又展现出个体的卓越之处，因此具有强大的引领作用。在典型人物中，不管是践行榜样精神的典范，还是新时代的先驱者等，他们的事迹均能给大学生带来宝贵的精神财富。

在实践教学过程中，范例可以分为“近”和“远”。“近”是指与大学生的生活比较贴近、时间上比较接近的榜样与事例；“远”是指具有较高的历史价值、脱离了教育对象生存的现实环境，但依然充满启示意义的经典案例。这两种典型例子均有教育价值，重点是要学会巧妙地运用它们，将抽象的概念转化为具体的事例会更让人信服。为大学生提供好的榜样是极为重要的，特别是大学生周围的实际案例，能够直接推动大学生努力向前，他们效仿起来也会更加简单。

大学生普遍具有积极向上的进取心与强烈的自我尊重意识。他们具备借鉴优秀榜样学习的意愿，因此更容易被这些榜样激励。在延安大学的思想政治教育课程中，教师通常会使用延安这个革命圣地的独特资源，让学生去革命旧址考察，并在旧址进行教学，让学生深刻体会革命先烈的崇高品质，从而树立起共产主义思想信仰。在实际的教学实践中，教师作为学生的典范之一，对学生也会产生一定影响。

以上这些方法是相互关联的，在现实中，它们相互协作，共同激发大学生的精神动力。

二、培育大学生精神动力的具体路径

大学生精神动力培育路径对我们整个国家和社会的发展具有十分重要的战略意义。遵循大学生身心发展的规律，基于大学生的实际情况，教师可以采用以下培育路径来激发大学生的精神动力。

（一）通过理论教育激发认知动力

人的感情与意志水平的提高过程，通常也是理论知识的积累过程。为了培养大学生的积极情感与坚强意志，高校需要教育他们坚定共产主义信念、不断学习马克思主义理论知识，让他们对中国特色社会主义建设的艰难曲折的发展历程有基础的认知。可以说，认真学习思想政治理论非常重要。

在校内组织演讲比赛、知识竞赛与辩论赛等活动，围绕理想信念、近代史与社会上的一些热点话题等进行讨论，有助于提高大学生的思想政治素养。学校要在民族与时代精神层面加大教育力度，以此激发学生的精神动力，帮助其进步与发展。民族凝聚力是中华民族复兴的强大动力。评估一个国家的综合实力，不仅要评估其经济水平与技术水平，也要评估其民族凝聚力。

时代精神指的是当今社会活动中我们不断追求改革与创新的精神气息。在社会主义市场经济的时代背景下，与时代精神一起融合发展，民族精神才能充分发挥作用。我国社会发展中所体现的时代精神，表现为对科技进步的持续探求。时代精神引领着我国经济社会的持续稳定发展。培养当代大学生的时代精神与民族精神，抵御国外腐朽思想的渗透，使他们成为国之栋梁，并为祖国而奋斗。

培养大学生的“人民主体”思想，可以帮助其更好地实现自身的价值。“人民至上”高度肯定了人民群众的地位和价值。只有在实现人民群众价值的基础上，才能彰显个人价值。以上教育有助于大学生树立正确的价值观。人的价值不仅体现在物质贡献与精神贡献上，还体现在服务人民和社会的过程中。大学生的“三观”会受到社会主义核心价值观教育的深远影响，他们能明确将来的发展方向，以积极向上的心态面对生活的困境，同时对价值取向与评价标准也能够有一个清晰的认知。

如果要深入理解理论，就必须勤奋阅读、善于动脑，去发现理论的核心思想与实质。只有全面、准确、系统地理解和运用马克思主义哲学理论，才能够真正深入日常活动中，了解、认知和解决问题。高等教育中哲学教学的目标在于培养学生的思维能力，但其真正的价值只有在实践过程中才会得到体现。因此，教师应该把实践活动与理论知识融合起来进行教学，引导学生多参与实践活动，并通过马克思主义哲学的视角分析并解决遇到的问题，让学生真正理解所学理论的核心内涵。虽然大学生已经学习了理论知识并且激发了自己的认知动力，但他们还需要将理论认知付诸实践并以此提升认知水平。

（二）通过社会实践增强行动能力

高校为了实现教育目标，除了让学生学习理论知识，还会安排、引导学生积极从事实践活动，其中包括社会调查、志愿服务等。经过教育实践验证，社会实践活动有助于推动大学生的发展与进步。在社会中进行实践活动就是为了锻炼大学生，起到一定的教育作用。因此，高校需要进行科学的管理，确保活动设计的连续性与整体性，并建立合理的评估与考核机制，以确保实践活动产生实际效果，防止活动只是停留在表面，没有内涵。借助社会实践，大学生能深刻认清社会现实，从而更加清晰自己的学习目标，感受到学习的重要性，并增强责任意识和求知欲望；能够深入感受与了解现实生活，拓宽认知视野，端正思想，找准方向，激发精神动力。实践教育比理论教育更加深刻、更加形象，也更能够对学生产生潜在的指导功能。

一方面，高校应帮助大学生树立正确的择业观和就业观。高校应在思想政治教育中加入职业规划指导，帮助大学生制定与他们自身相适配的职业目标，全面提升其就业创业能力。年轻人在择业时，应考虑为人类福祉作贡献，并兼顾年轻人自己的能力范围进行选择。这表示，职业选择要符合自身力量，并为人类谋福利。同理，大学生在找工作的时候，应该将社会利益放在首位，让工作更具有社会价值和现实意义。同时，他们应该认识到学业和未来职业之间的紧密联系，为自己的未来职业生涯做好充分的准备。为了在离开校园之后能够找到满意的工作，在校期间大学生就应该熟练掌握专业知识和技能，提升自身的素养。否则，即便找到了一份满意的工作，也会因为技能缺乏、理论知识不足或道德缺失被辞退。

另一方面，高校还需引导大学生理性面对就业压力，增强他们面对挫折的能力，以便他们能在市场竞争中站稳脚跟。鼓励大学生积极参加一些兼职工作，并同未来就业方向相关联，把就业压力内化成勤奋学习的信念。职业是连接事业与梦想的纽带。倘若大学生能够找到与之相匹配的工作，并奋进向上，他们最终将取得成功。所以说，找到自身的职业发展方向，提前规划职业发展路线，有助于增强大学生进步的信念感。大学生应该制定自己的职业规划，培养自身的全面素质，让自己的发展目标更加具体可行，同时通过接受教育来实现这些目标。借助社会实践活动，大学生能够体验到社会职业对人才的需求程度，从而反思自己的职业规划。

（三）从德育入手提升道德动力

道德对于个人和社会的进步均有着至关重要的作用。我国一直高度关注在社会进步过程中道德所起的作用，并且认为社会得以进步的十分关键的因素就是道德的存在。道德准则对个人的行为进行约束，调整人际关系，加强社群力量，提升人们对于自然进行改造的能力，进一步推动社会的发展进程。

思想政治教育旨在提高大学生的道德素养。道德规范作为人们的基本准则，用于分辨善恶与对错，是人们在特定情境下决策的基础。道德教育旨在传播基础的道德准则。高校应通过道德教育，培养学生遵循公民道德规范，并以此为标准进行正确的判断与选择，丰富内心世界，增强道德素质。

在思想政治教育中，进行德育需要从三个方面展开。

第一，提升个人道德素养。大学生自我道德人格的完善源于优良行为与文明习惯的养成。

第二，遵守法律法规及相关的教育规范。建立以社会主义法治为核心的观念是守法的必备条件，社会主义道德和法律是互相促进的。通过举办与法律法规相关的一些基础性教育活动，高校能够最大限度地预防一些道德失范行为的出现。因对法律法规了解不足而犯罪的情况屡见不鲜。高校应该教育学生遵守校规校纪，这有助于他们进入社会后的所作所为符合公民基本道德规范。

第三，确立社会主义共同理想，也就是树立为中国特色社会主义伟大事业而不断奋斗的目标。若想取得大的成就，必须具备良好的道德品质，只有道德高尚，才能得到人们的尊敬和认可。道德与成就有着紧密的关联。为了实现个人价值，就必须找到个人理想与社会发展相互融合的策略。

人的道德情操可以通过责任感、羞耻感、成就感等情感进行呈现。在日常生活中，一些学生的知识积累速度和道德素养提升速度不一致，虽然他们的知识不断增加，但他们的道德素养并未同步提升。一个原因是，大学生只是单纯地从教师那里学习知识，通过记忆、背诵来对理论进行学习。这种方法缺少学生自己的思考，学生难以真正理解知识，在实践过程中并不能发挥知识的作用。并且，学生在掌握理论的时候并未进行情感体验，未能把这些理论变成道德价值的信仰。因此，德育需要与社会实践相结合，应该培养学生树立正确的是非观。对大学生强调家庭义务的重要性，能够增强他们的责任感，并使他们懂得感恩与回报。举例来说，父母希望子女意识到在家庭中他们需要做出贡献，并相应地去担起一定的责任。教师可以从家庭角度出发，采用各种方法举办家庭教育活动，让学生学会感恩，并尝试回报家庭。

我国的道德教育历史悠久，有许多深刻的德育理论。我国古代对于整体价值观的德育非常注重，其目标是服务于民族和国家的利益。在实践中，人们不断寻求优秀的德育方法，以提高德育效果。人的内在与行为的一致性可以通过优良的道德情操来体现，这种道德情操有着一定调控影响力，可以制约、规范与引导人们的行为。

（四）促进物质动力与精神动力的良性发展

目前，市场经济环境下，物质动力对人们精神动力的影响越来越大。因此，仅从精神动力出发激发人的内在动力是不现实的，纯粹依靠精神层面的谈话也会是空洞无物的说辞。只有不断改善物质生活条件，才能增强人们的精神动力。针对个人而言，应该寻求个人利益与社会利益的平衡点，也就是我们所说的精神动力的核心。一个典型的例子是我国古代的“义利观”。“义”所代表的是社会的道德准则，“利”则代表的是物质方面的好处。追求个人利益的时候，需要遵守道德，不能无限制地追求私利。有些人认为，可以同时兼顾义和利，如“君子爱财，取之有道”。这种看法比较贴近真实情况。在遵守道德规范的前提下，寻求经济利益是恰当的行为。在建设中国特色社会主义进程中，为了个人与社会的全面发展，我们要避免出现两种不良倾向：一种是偏重物质层面，觉得物质动力更为真实，物质动力的提升将会带动精神动力的提升；另一种是过于注重精神层面，甚至夸大其作用，觉得只要强化精神动力，物质动力也会随之增强，而不需要其他手段。总的来说，我们要兼顾精神动力的推动与物质动力带给我们的积极作用。我们应该同时兼顾物质动力与精神动力，这也是我国社会主义建设的重要方向。

想要培养大学生的精神动力，不仅需要加强理论教学，还需要提升他们的自身素养与能力。学校除了基础性的思想政治理论教学，同样需要注重专业理论教学，同时应该通过实践活动去锻炼大学生的精神毅力，增加其实践经验，塑造其良好的道德品格，提高大学生的内在的素养水平。

三、在思想政治教育实践中培育大学生精神动力的措施

大学生精神动力培育应该从教育环境、教育工作者和受教育者三个角度入手，注重内在和外在的结合，更加突出思想政治教育中的内在精神动力培育，尤其是对大学生理想、信念、信仰的培育。要激发大学生的精神动力，应该确定以培养人为中心的教育方向，利用思想政治理论课的优势来推进教育，同时积极打造校园文化；应积极打造高质量的教师团队，建设全方位的实践锻炼平台，以促进大学生自我教育意识的增强。可以采取多种不同的措施，去寻求与大学生精神动力培育相适配的路径。

（一）明确育人为本办学方向，引导大学生的精神追求

改革开放是中国历史上的一次伟大改革，也是一次充满挑战的探索之旅。改革是一个复杂的过程，面对新的情况与任务，它需要时间和不断努力，并且可能

会遇到一些困难和挑战。改革需要投入大量时间和大量精力，需要新一代人来接替，并且需要大学生承担起责任，坚持中国共产党的领导。

高等教育在政治、经济、文化等方面扮演着不可替代的角色，对社会的发展起到了巨大的推动作用。当前，高等教育实现了从大众化到普及化的历史性跨越。然而，其需要加强教育质量，注重内在发展，而不是只追求规模的扩大和数量的增长。高校的任务并不是简单地批量生产与加工学生，也不是单纯地提供培训。相反，高校应该激发学生的精神动力。高校的本质在于文化育人，旨在指引学生进行精神探索。高校所追求的“止于至善”精神意味着高等教育应该培养具备卓越品德和良好素质的人才，而非仅仅注重个人智力的发展，需要在学生的个人成长和社会进步中寻求平衡。在知识竞争的世界中，高校的作用变得更为重要，其核心使命在于培育人才。

所以说，高校需要认识到育人为本是教育工作的根本要求，尤其是在新的历史时期。育人为本的核心就是提升学生的全面素养，促进其全面发展。教育大学生不仅应注重理论知识，还应该提升品德修养，实现德智体美劳的全面发展与平衡发展。无可置疑，这将为建设中国特色社会主义事业提供巨大的精神推动力与智力支持。

（二）建设和发展校园文化，丰富大学生的精神世界

校园文化分为两个方面：一方面是校园的物质文化，是指那些能够直接感知与观察到的硬性物品与表现形式，如校舍、设施、绿地等；另一方面是校园的精神文化，是指学校的价值观与文化传统等，包括学校的管理模式、师生的行为准则、校风和学风等。大学建设和发展校园文化的主要目标是提供一个良好的环境，以满足大学生不断丰富的精神需求。也就是说，校园文化对大学生与学校的进步来说都是不可或缺的，因此我们需要着力推动校园文化建设与发展。

1. 营造民主氛围

校园文化是由师生共同努力，在教学、研究、管理等实践中逐步形成的一种集体特色文化。为了促进校园文化的建设与发展，这一群体需要营造一种民主氛围，并积极鼓励全校师生参与其中。为了在校园文化中营造民主氛围，高校做出的一些决策性决定应该保持透明度与公开性。此外，高校应该积极征集师生的建议，并确保这些建议能够被采纳，从而使得师生的诉求能更好地反映在高校的决策中；可以采取多种方法建立师生与校方负责人之间的有效沟通渠道，如开展校长网上接待日等，这样就能够相互沟通，进一步激发教师与学生的积极性。

高校必须遵循民主原则，处理在校园文化建设与社团活动组织中出现的问题，必须依照民主准则去解决问题，以培养学生的民主意识。营造民主氛围是确保师生主动参与校园文化建设与发展的基本条件。高校需要付出更多努力让民主氛围变得更加浓厚，这样才能为师生的精神生活提供支持。还可以推广有益的文化活动，融合我国一些传统元素，定期对学生进行教育，提高其文化水平。同时，也应该找准学生的兴趣点，引起他们的注意力，激起学生参与校园文化建设的积极性。通过这种方式，学生不仅能够得到锻炼，还能够丰富自己的精神世界，校园文化建设与发展水平也能够得以提高。

2. 建立健全校园文化设施

先进完备的校园文化设施和宜人安静的校园环境，为校园文化活动的顺利举办提供了必要的基础。所以说，在建设和发展校园文化过程中，需要建设完善的校园文化设施，并且营造良好的校园文化氛围。高校应当制订科学合理的实施方案，注重加大相关领域的资金投入，以便加大多种文化设施建设力度，这些设施包括图书馆、校史馆、电教馆、实验室、学术报告厅、计算机中心等。高校应充分发挥这些场所的优势，组织多样化、意义深刻的校园文化活动，这样能够让大学生的精神需求得到满足，让他们的内心世界更加多彩。还要进一步提高校园文化活动的质量，以全面提升成效。

高校需要对校园进行科学布局，在校园美化与绿化的过程中打造具有强大文化凝聚力的环境，让学生在良好的氛围中进行活动。高校要从提升学生综合素质与培养良好情操的角度进行，整合高校的历史变迁、园林绿化等多个方面，打造环境优美、充满活力的校园。这些方式可以潜移默化地影响每一位学生，达到育人的目的。

（三）打造高素质的师资队伍，提供大学生的精神支撑

高校思想政治教育师资队伍是十分重要的，因为教师的专业知识与人格素养会对学生产生一定程度的影响。所以说，我们需要确保有一支高素质的师资队伍来开展这项工作。

1. 加强思想政治理论课教师队伍建设

高校必修的思想政治理论课的教学任务主要由思想政治理论课教师完成。作为马克思主义理论的教育工作者，党的路线、纲领、方针、政策的传播者，社会主义意识形态与精神文明建设的宣讲者，这支队伍的教育质量、教学水平、教学素质对于大学生的精神支撑至关重要，直接影响着高校思想政治教育的成效。

2. 优化高校辅导员队伍

在高校中，辅导员承担着至关重要的角色，是负责日常的思想政治教育和管理工作的中坚力量。辅导员身兼教师一职，其工作需要同时涵盖管理和教育的任务。除了管理学生的日常生活，辅导员还需着重培养学生的思想素质，此外，还要为大学生提供精神上的支持，帮助大学生将党的思想政治方针内化为其信仰与行为准则。

目前，辅导员队伍的整体水平很高。他们在大学生的心理健康方面付出了很多心血。然而，一些辅导员缺乏工作热情，与学生缺乏交流和沟通，因此忽略了对学生思想的关注。他们并不清楚学生的想法、需求和追求。当从事学生工作时，他们可能会受到自身专业背景和理论基础不够扎实的限制，只能依靠个人感觉与相关经历经验来开展工作。以上因素在塑造大学生的精神状态方面起到了一定的消极作用。

所以说，我们应该对辅导员团队进行优化，确保他们与国家相关政策中的职业能力标准相符合，有资格、有能力指导学生，帮助他们树立正确的“三观”，以给予学生所需的内在精神支持。高校有责任优化辅导员团队。第一，高校需要将思想政治教育工作与辅导员团队建设融合，为他们营造有利的工作氛围，激励他们对工作保持热情，全心致力于学生工作。如此，辅导员才会思考怎么样才能激发学生的内在动力，以更好地激发大学生的精神动力。第二，高校需要制定一套完善的辅导员用人机制，包括选聘、培训、考核与深造等方面。只有这样，才能吸引更多青年教师投身到辅导员团队中来。同时，也需要去让那些有想法与优秀的辅导员在完成工作的同时去提升学位，增强专业素养，以提升队伍水平。第三，要培养辅导员的科研能力，鼓励他们进行基于实证的研究。这些研究可以结合思想政治教育学科建设，也可以结合大学生思想政治教育工作实践。以上措施有助于保持辅导员团队的活力。

（四）搭建综合实践锻炼平台，坚定大学生的精神追求

大学是探求真理的场所，唯有实践才能验证真理的正确性。为了实现追求的目标，大学生需要在学习理论知识的同时，通过实践锻炼自己，真正走进社会，加深对世界的认识和理解。只有亲身体验才能深刻领悟。高校应该建立校内外全方位的实践设施，让学生在实践中逐渐了解社会，不断追求理想与信念。

1. 开展形式多样的校内实践活动

每年春秋两季，高校应该举办多样化的实践性比赛等活动。校方领导人与部门负责人要协调安排活动的开展。各下属学院则依照其主题及自身情况开展活动。举个例子，高校可以在法律教室内举行庭审活动，如“模拟法庭”等，并邀请优秀的法官亲临现场对学生进行评价与指点。这样不仅能够让学生更加清晰所学的知识点，也让教师了解到学生的不足之处，方便今后的教学。

高校需要充分利用学生组织的优势，组织学生会等类似学生团体举办有着实践色彩的相关活动。例如，举行“三尺讲台，倾情演讲”比赛以及“我的青春，闪耀青春”歌唱比赛等，借助多种方式提升大学生的精神追求，增强他们的合作意识，提高他们的综合素质。

2. 推进校外实践活动建设

在我国的人才培养与社会服务体系中，大学生校外实践活动是至关重要的组成部分。它不仅是大学生进行实践学习的有力载体，还是他们迈向社会、走进基层，认知国情、了解社会，坚定信念、增加知识的有效途径。这几年来，国家全面深化教育改革，并积极实施人才强国战略。高校应以此为契机，制定详细的学生培养规划，注重实践教育，积极组织学生参与社会实践活动，使他们自觉践行社会主义核心价值观，培养他们艰苦奋斗的品质。同时，高校还应坚持理论与实践相结合的方法论，组建校外实践活动中心。

在高校中，设立针对大学生在学校外面进行实践学习的专门小组，同时在学校的内部创办与之相对应的部门。可以由专家担任实践学习小组的评审团，并且组织年轻有为的教师队伍与研究生辅导队伍参与其中，同时成立大学生校外实践服务队伍负责实践学习小组的一些相关工作。同时，应该制定实践活动的培养目标、培训流程、评价指标等。

（五）树立自我教育意识，内化大学生的精神信念

大学生接受思想政治教育的主要目的是进行自我教育。大学生应该对自我教育的重要性有着清晰的认知，把自身的努力目标视为内心信仰，并激励自身迈向成功，从而实现人生的意义。

1. 扎实学习科学文化知识

目前，全球范围内的经济、政治与文化竞争都十分激烈，从某种角度来说其实也是人才的竞争。

作为实现中国梦的主要力量，当代大学生必须努力学习科学文化知识，这不仅是个人全面发展的必要条件，也是提升自我修养的重要途径。在这里所指的科学文化知识包括科学知识和人文知识。对于大学生来说，他们应该将这两种知识

有机地结合在一起，以此培育优秀的科学精神与人文精神。在这个过程中，大学生需要锻炼自己严谨的逻辑思维能力与富有创造力的想象能力。大学生在课堂中并不能够获得全面的知识，必须通过阅读来丰富自己的知识储备，这就需要他们利用课外时间去进行学习。

3. 依托网络资源，强化主流价值观舆论导向

随着大数据时代的到来，网络已成为大学生必不可少的学习工具。高校需要积极承担对先进文化进行宣传的责任，特别是在校园网方面，应该建设一个思想先进、知识面广、趣味十足、服务全面的主流价值观网站，来对学生进行指引。

第一，在进行网站的内容建设时，应该挑选能够对大学生有深刻启发作用的典型素材。例如，经典马列著作、感动中国的年度人物等，以此来培养自我教育的意识并坚定自己的精神信仰。第二，在进行网站的布局建设时，应充分运用信息技术，如研发超文本链接的电子教材，包括文字、声音和图像等元素，以产生强烈的视听体验，引起学生的兴趣，从而激发学生的学习热情。第三，在网站的活动建设方面，需要考虑多种形式，并定期举办一些竞赛活动。

目前，中国依旧处于改革的攻坚阶段与深水阶段，社会发展进入了崭新的时期。当前大环境下，大学生是先进群体的代表，是能够实现中华民族伟大复兴的中国梦的中坚力量。大学生的精神动力不仅需要正确的观念引导，而且需要保持强大的力量，这对于未来人才教育与中国特色社会主义事业的发展进程至关重要。因此，如何培育大学生的精神动力就成了思想政治教育视域下亟须解决的问题。

第五章 “互联网 +”背景下高校思想政治教育改革探索

本章对“互联网 +”背景下高校思想政治教育改革探索进行阐述，主要包括三方面内容，依次是高校思想政治教育路径改革、高校思想政治教育环境改革、高校思想政治教育学习改革。

第一节 高校思想政治教育路径改革

高校是建设中国特色社会主义的重要组成部分，是培养合格社会主义建设者的主阵地[①]。在“互联网 +”时代，利用互联网的思维探索创新路径，为高校思想政治教育改革带来了全新的视角，对高校思想政治教育与时代发展的联系具有积极的意义。高校思想政治教育路径是为了实现高校思想政治教育目标，在由思想政治教育主体组织推动的有规划、有组织、有步骤的实践活动中所运用的主要途径和基本方式。

一、思想政治理论课课堂教学主渠道的完善

思想政治理论课是高校思想政治教育的主渠道、主阵地，担负着对大学生进行马克思主义理论系统教育的任务，涉及知识体系、价值观念以及意识形态的培养，在大学生的思想道德修养方面具有引领和指导的重要作用。因此，高校要进一步办好思想政治理论课，深入实施高校思想政治理论课建设体系创新计划，努力增强教学的吸引力、说服力和感染力。

首先，要解决好转化和进入的问题。要以马克思主义基本原理和马克思主义中国化理论教育为核心，将其转化为以中国特色社会主义为主的理论教学体系和

① 梅贞，刘佳．乡村文化振兴视域下高校思想政治教育改革路径［J］．湖北开放职业学院学报，2023，36（8）：129—130．

思想政治理论课教师的话语体系。

在了解学生心理需求的状态下，思想政治理论课要把教材体系转化为以实践逻辑为主要特征的教学体系，贴近实际、贴近生活、贴近学生，有效地提升思想政治教育的针对性。作为思想政治理论课的根本指导思想，马克思主义基本理论不仅是课程的灵魂，其魅力和理论价值也是无可替代的。因此，高校思想政治理论课要牢牢抓住该课程的本质，坚持以马克思主义理论学科为基础，指引学生的健康成长，激发学生的学习兴趣，同时不断增强教学的吸引力和感染力。

面对当今思想活跃、主体意识强烈的大学生，思想政治理论课只有将说理和解惑有机统一起来，才能解答好大学生的问题，从而使思想政治理论课的内容深入学生心中，让他们能够清晰地认知国家的发展路径，并给予认同。

高校思想政治理论课主渠道的坚守，要紧紧抓住教师环节，通过多种形式把思想政治理论课教师集中起来，集体研讨问题；组织思想政治理论课教师开展定期或不定期的集中培训，交流先进经验，为思想政治理论课提供理论指导；通过集体备课的方式对一些重要问题、重要理论成果予以深化。

其次，创新思想政治理论课的教学方法。思想政治教育方法是教育工作者为达到一定教育目的而对受教育者在思想政治教育过程中所采用的思想方法和工作方法。“互联网 +”为思想政治教育发展提供了源源不断的养料，却不能改变其本质。所以“互联网＋思想政治教育”的主体仍然是“教育”，是运用“互联网 +”的教育思维和方式去进行教育的。

灌输是思想政治理论课教学最根本、最直接的方式。教师将马克思主义中国化最新理论成果等思想政治教育内容灌输给大学生，促使其通过学习、实践提高政治意识和思想觉悟。但是，在灌输的同时，教师必须注意到思想政治理论课最终的教学目标，要特别强调思想性和价值性，突出思想指引和价值引导，促使大学生接受、认可知识所包含的内在价值，促使他们树立正确的价值观，保持高尚的道德情操。

在“互联网 +”时代，大学生的网络化素养越来越高，他们不断尝试对各种信息进行认知重构，自觉提高自己的政治意识和思想觉悟。同时，互联网的开放性消融了传统课堂的封闭性，让思想政治理论课教学处于开放、动态的生成状态中，从而形成互动式教学方法。在教师的启发引导下，师生之间、学生之间采用对话、探讨和交流的学习方式，从而调动学生学习的积极性，更好地引导学生学习、内化理论知识，践行社会主义核心价值观。

思想政治理论课的互动方式有很多，开展课堂研讨式教学是提升学生课堂参与度、促进师生深度互动交流、引导大学生深入思考的有效方式。课堂研讨式教学以解决问题为中心，由教师创设问题情境，师生共同查找资料，研究、讨论、实践、探索，提出解决问题的方法，使学生掌握知识和技能。

再次，构建思想政治理论课的互联网话语体系。新时代，在思想政治理论课上营造互联网化的学习氛围，把理论术语同现实世界的网络用语融合起来，让学生更好地理解课程内容并与现实紧密相连。用网络话语表达，使大学生便于理解和接受。同时，面对“互联网+”时代知识的快速更新，思想政治教育工作者需要拥有更高的理论素养，丰富思想政治理论课话语内容，从而提高大学生的学习热情和学习积极性，变被动学习为主动学习。

最后，处理好思想政治理论课与专业课的关系。高校的所有课程、所有教师都肩负着立德树人的职责和开展思想政治教育的任务，思想政治理论课与专业课的协同，将在大学生思想引导、价值导向上形成方向一致、力量倍增的效应。因此，高校各类专业课要打破在思想政治教育中的“孤岛”现象，与思想政治理论课相融合，更好地提高大学生群体对思想政治教育的认同度。同时，思想政治理论课教师和专业课教师要通过合作机制共同研究两类课程相结合的教育内容和方法，在实践中引导大学生树立正确的政治信仰、理想信念和道德观念，形成高校思想政治教育队伍的合力，从而实现思想政治理论课和其他课程的协同育人。

二、日常思想政治教育主阵地的扩展

高校思想政治教育是一个非常繁杂的系统，其中思想政治理论课教学是重要的一环，但仅靠这一环节难以取得良好的教育效果。应让大学生树立大思政教育的理念，让主渠道和主阵地有机结合、有效互动、相互支撑、相辅相成，既注重理论教育，又注重实践教育，使高校思想政治教育全面、有效地实施。

首先，构建校内一体化教育格局。学校作为学生学习和生活的重要场所，不仅是高校思想政治理论课的主渠道，也是促进学生日常思想政治教育的主阵地。高校思想政治教育通常以社团活动、班级建设、校园文化等为载体，通过对大学生进行多方面的教育，提高大学生的思想政治素质和思想道德修养。

高校需要做好顶层设计，构建一体化的工作机制，将课上与课下、课内与课外有机衔接起来，形成马克思主义理论教育工作和日常思想政治教育工作合力育人的态势，提高思想政治教育的实效性。第一，高校要有效促进各部门协同合作，共同开展调研，创建学生数据库，共同开展科学研究。第二，高校要加强学生组织的建设，对学生进行日常思想政治教育。同时，高校要善于用寓教于乐的方式开展各种校园文化活动，既可以满足学生需要，又可以鼓励学生对各类活动的开展建言献策，让日常思想政治教育的形式不断丰富起来。第三，高校要注重通过仪式教育开展思想政治教育工作。此外，高校还要结合重大节庆日、民族传统节日以及开学典礼、毕业典礼等，建立和规范礼仪制度，使学生在思想、情感和行为上得到熏陶和引导，增强他们对社会主义核心价值观的认同感。

其次，依托校园优质文化资源，推进以文育人。高校是文化承袭和创新的重要载体与发源地，拥有丰富的文化积淀，所以说，高校需要充分挖掘文化资源的潜力进行并加以运用，使学生的文化素养得以提升，使校园文化成为开展日常思想政治理论教育的有力支持。

高校思想政治教育是离不开优秀传统文化的，否则，就成了缺乏文化根基和实践精神的教育。

高校思想政治教育必须站在经济全球化视角来审视当前的多元文化与中华优秀传统文化，用中华民族宝贵的精神财富来以文化人、以文育人，增强思想政治教育的文化自觉和文化自信。

高校应协调培养卓越的思想政治理论课教师团队，让更多的教师能够积极融入工作环境，采用多种方法让教师做好知行合一的榜样；要大力营造文化氛围，为大学生课堂教学和日常思想政治教育打造良好的生态环境；要大力整合、抢占校园网络、微博、微信等各个阵地，加强马克思主义理论、中国特色社会主义理论体系在网络文化中的渗透，全力打造校园网络空间。

三、思想政治教育网络阵地的搭建与利用

首先，要加强对网络教育资源的开发和利用，扩大网络教育的影响力。在网络环境下，教学活动是借助网络将文字、图像、动画、声音等不同形式的教育资源制作成数字化教学材料而开展的。随着互联网技术的快速发展和教育改革的不断深入，网络已成为教育信息化的重要推动力之一，在教育中占据重要地位。

目前，网络教育资源可分为两大类：第一类资源是高度组织化、相互关联的，一般是根据学科与专业结构组成的，包括慕课、高质量课程等；第二类资源则较为分散，相互之间较为独立，跟其余的一些内容能够整合，拥有广泛适用性，如文章、图片、小视频等。

为此，高校思想政治理论课需要从这两方面着手拓展网络教育资源，利用网络教学平台，积极开展网络课程建设，在满足学生需求的同时，扩大教育影响力。同时，还要加强网络交流支撑平台的建设，如利用微信、QQ、微博等平台“面对面”地与大学生进行交流互动，及时解答他们的疑惑，发挥教育教学的功能。总之，在“互联网+”时代，高校要利用互联网做好思想政治教育工作，建设“时时可得、处处可及”的网络教育空间。

其次，利用“微”媒介开展教育，为高校育人拓展路径。大学生可以通过微媒介获取需要的信息，这大大增强了他们的学习兴趣。为此，高校应立足校园、面向社会，依靠广大师生，积极开通校园官方微博、微信，构筑以官方微媒介为领头军的校园微媒介立体格局，营造浓厚的微媒介育人氛围。

再次，发挥大数据作用，增强思想政治教育实效性。只有利用“大数据”进行分析和研究，才能更准确地预测大学生的需求，从而提高高校思想政治教育的实际效果，真正发挥大数据的作用。一是高校思想政治教育要深入挖掘反映大学生思想政治状况的数据。现今，与高校思想动态有密切联系的信息来源如下：利用校园网、官方微博、官方微信公众号、易班网、学生网络教学平台、各部门的自动化办公平台、校园一卡通平台等校园网站，收集学生的学术表现、出勤记录、图书利用情况、校园卡使用情况、奖项荣誉等多项数据；监测学生在社交媒体（如微博、微信等）的社交活动；观察各大门户网站，总结搜索引擎（如百度等）的搜索情况，以了解社会当中的热带话题与大学生的兴趣关注。二是应用大数据开展有针对性的思想政治教育活动。例如，通过大数据分析大学生学习需求，建设相应网络课程，提供更灵活的支持，以引导大学生实现健康成长；借助对在线教育平台数据的分析，精心策划与学生生活息息相关的课题，利用大数据的优势，实现更便捷的信息汇总、整理、排列、对照、归类等操作，将思想政治教育融入学生的日常学习过程。

最后，培养大学生的网络素质，营造健康的网络环境。实质上，网络的虚拟世界是由人创造的，电脑或是手机都是与各个网络节点背后的人打交道，而不是与机器、虚拟人物打交道，因此必须培养大学生的网络素质，使其自觉维护良好的网络环境。具体需要做到以下几点：一是引导大学生正确使用网络工具。互联网是一个内容庞杂、覆盖面广的信息共享平台，不仅包含各种真实、积极信息，也包含各种虚假、低俗的信息，这些不良信息影响了正常的网络秩序，更危害着大学生的健康成长。为此，高校要注重引导大学生正确使用网络，时刻保持警惕，提高鉴别力，让网络真正成为大学生开拓学习视野、提高自身能力的重要工具。

二是加强大学生网络语言和行为的规范教育。大学生在网络生活中也需要尊重别人，与人友好交流、平和争论，尊重他人的隐私，打造自己良好的网络形象。为此，高校思想政治教育要加强大学生的网络道德教育，引导大学生在网络实践中自觉抵制网络不良行为，培养网络生活中的自律精神。

四、推进思想政治教育实践育人，促进知行统一

高校思想政治教育主要承担着对大学生开展理想信念教育、爱国主义教育、道德法治教育和全面发展教育，引导大学生积极弘扬和践行社会主义核心价值观的任务，是一项实践性很强的教育工作。当前一些高校思想政治教育存在重理论轻实践的问题，因此要大力拓展实践育人渠道，改变实践育人的方式和方法，加大实践育人力度，切实提高教育的质量和实效性。

在高校中，思想政治教育基本源于思想政治理论课，导致思想政治理论课堂中教师时间和资源受限，在课堂上很难满足学生个性化的学习需求，因此，学生对思想政治理论课程提不起兴趣，部分学生仅仅把这门课程当成学习任务，不注重对其要求的价值观念、政治观点、道德规范的践行。

“互联网＋”时代，高校思想政治教育需要充分利用互联网丰富实践教学形式，提高教育的针对性和有效性，满足学生对思想政治实践学习的多样化需求。

首先，注重课堂教学融入实践环节。思想政治理论课堂是理论教学的主阵地，如果能恰到好处地融入实践环节，就会起到事半功倍的教学效果。在思想政治理论课教学过程中，教师要有目的、有计划地传递教育内容，引导大学生提高自身的思想道德素质和树立正确的政治信仰；大学生则要保持积极的、良好的心理状态，将其接受的思想政治教育内容实现内化。为此，在高校思想政治理论课上，要结合课堂教学开展实践活动，教师根据学生的实践情况，鼓励其在课堂分享实践感受，将“知、情、意、行”有机整合，促进大学生实现对理论知识的内化，使其学习不断深入。

其次，注重思想政治理论课与专业课实践教学的结合。课外实践教学是理论与实践相结合的过程，更是巩固课堂教学内容的重要环节。高校思想政治教育要从思想道德和专业实践相结合的层面引导大学生深入社会、了解社会和服务社会，提高大学生的实践能力，培养其高尚的品格。一方面，高校思想政治理论课要在各种志愿者活动中，加强与专业课的结合，让课堂教学内容在各类实践活动中实现融合与深化；另一方面，高校思想政治理论课要与专业课共同建设校外实践基

地，共同设计实践教学方案，考核大学生专业素质、政治思想和道德素质，提高思想政治教育实践育人的效果。

再次，拓展实践教学资源，增加校外社会实践活动的多样性。高校思想政治教育要在校内各个领域都具备实践性特点，同时也要注重完善和推进大学生校外社会实践的路径建设。让大学生从校园走向社会，了解社会现实，在实践中自我肯定、自我教育、自我发展，更在实践的磨炼中确定正确的前进方向。为此，高校需要努力提升大学生校外社会实践活动的效果，具体表现如下：一是要将思想政治教育社会实践作为必要的教育环节和教育内容加以重视。二是大力拓展实践教学基地，达到辐射示范的良好效果。三是完善学生社会实践形式。高校从现有的实践活动的实际条件出发，利用校外资源设计具体的实践活动形式，努力做到物尽其用。

最后，注重拓展互联网实践教育渠道。互联网有利于高校思想政治教育的发展，如带来了丰富的教育资源、开辟了新的教育阵地以及创新了教学方式和方法。但同时，互联网也为高校思想政治教育带来了不利影响，如互联网虚拟世界减少了学生与教师、学生与学生面对面交流的机会，对线下思想政治教育工作产生了一定的冲击。因此，高校思想政治教育实践活动需要融入互联网世界。思想政治教育工作者要与学生进行点对点沟通交流，了解互联网话语，占领“互联网＋教育”主阵地。教师利用互联网捕捉大学生心理动态、思想动态、行为动态，引导学生在自我教育中进步、在自我服务中成长。高校还可以为大学生开辟互联网实践教育的专门平台，为不同主题讨论开辟专区以及实践成果展示平台，扩大实践教育受众面。

第二节 高校思想政治教育环境改革

思想政治教育环境作为高校开展思想政治教育工作的重要环境因素，贯穿于受众接受教育的全过程[①]。进入“互联网＋”时代，我们需要准确理解高校在“互联网＋”背景下进行思想政治教育具有的影响，这也是高校成功进行思想政治教育的基础条件。

① 王欣．大众文化视域下高校思想政治教育环境优化的价值与思路 [J]．河南工业大学学报（社会科学版），2020，36（6）：82-86．

一、思想政治教育环境

（一）思想政治教育环境的种类

根据不同的类型，我们对思想政治教育环境进行划分。

一是范围类型，最典型的分类是宏观环境、中观环境和微观环境。宏观环境指国内与国际的经济、政治、文化和社会思潮，是影响人们思想、行为和思想政治教育的主要因素；中观环境表示特定地域对思想政治教育的影响；微观环境根据思想政治教育主体的生活范围来界定，指家庭、学校、单位、街道、社区等小范围的环境。

二是要素类型，主要有自然环境和社会环境之分。自然环境是指环绕并影响人的思想、行为和思想政治教育的自然物质因素的总和；社会环境是指环绕并影响人们的思想、行为和思想政治教育的各种社会因素的总和。

三是内容类型，主要有政治环境、经济环境和文化环境之分。政治环境是指环绕并影响思想政治教育的政治因素的总和，经济环境是指环绕并影响思想政治教育的经济因素的总和；文化环境是指环绕并影响思想政治教育的文化因素的总和。

四是性质类型，主要有顺境、常境和逆境之分。顺境是指能够促进思想政治教育发展的良好环境因素的总和；常境是指条件一般的环境因素的总和；逆境是指干扰、阻碍思想政治教育发展的恶劣环境因素的总和。

五是空间类型，主要有开放环境和封闭环境之分。从严格意义上讲，纯粹的封闭环境是不存在的，而是一种近似的拟态，用来形容环境的一种不良存在态势。

（二）思想政治教育环境的特点

一是广泛性。思想政治教育环境是一个复杂的结构，由各种各样的元素组成。

二是开放性。环境在时间和空间上没有固定界限，很难确定思想政治教育环境的范围，不能进行完全封闭，特别是在互联网时代，环境影响因素更是突破了空间概念的限制。思想政治教育环境的影响因素在时间上没有严格的界限，思想政治教育不能强制性地把人们的思想固定在某一时间的界限内。

三是复杂性。鉴于思想政治教育环境由无数环境因素相互交织而成，因而其具有高度复杂性。

四是动态性。就自然环境而言，随着人类改造世界和对自然资源进行的深入开发，其发生了巨大的改变，与过去有了显著的不同；而在社会环境方面，经济、政治和文化等社会要素同样在进行持续性演化与发展。

五是可变可创性。环境对思想政治教育的影响因环境自身是可以改变的而具有了可变可创性。从环境与人的关系来看，环境制约人的社会活动，人也对环境产生相互作用，能够对环境进行开发并对其进行改造。

六是潜移默化性。环境对人们的思想政治品德产生影响，往往通过悄然潜入、渐进引导和不知不觉地渗透方式实现。环境的各种因素直接或间接地影响着人们，向人们传递各种各样的信息并熏陶、感染人的思想，使人们的情绪、思想及行为习惯在潜移默化中受到环境的影响而表现出来。

二、“互联网 +”时代思想政治教育环境

“互联网 +”时代思想政治教育，既是对传统思想政治教育的继承，又突出了“互联网 + ”时代思想政治教育的政治属性。在开放的互联网环境下，“互联网 +”时代思想政治教育的意识有强化和复杂化的态势。针对当前教育环境的变革与教育对象的变化，“互联网 +”时代的到来深刻改变了当前的教育环境和教育对象。

（一）“互联网 +”时代思想政治教育环境的特征

一是信息量大，具有开放性。随着信息技术的快速发展，人类社会进入大数据时代，互联网环境下的信息数量急剧增长，人们的行为几乎都可以数据的形式被互联网记录、储存和处理。因此，“互联网 +”时代思想政治教育环境打破了时空限制，成为开放型环境，使人们的视野更加广阔，也拓展了他们的社交范围。网络社交领域消除了存在于实际社交范围中的种种限制，改变了人们的许多传统观念。

二是延伸和拓展现实社会环境，具有虚拟实在性。“互联网 +”时代思想政治教育环境与先前传统的教育环境有着明显的差异，带有很强的虚拟性。一方面，虚拟容易使教育客体在网络上传播真实信息、吐露真情实感，有利于消除人们社会交往的时空障碍，改变人们的认知方式和情感体验方式，拓宽视野；另一方面，虚拟使教育往往在不可控制和无法预测的条件下进行，也可能引发人们的道德失范行为，在一定程度上削弱思想政治教育的效果。由此可见，“互联网 +”时代思想政治教育环境是互联网社会场域和现实空间的结合，其虚拟实在性也是客观存在的。

三是信息的性质和种类多，具有多样性和复杂性。“互联网 +”时代思想政

治教育环境信息的性质与种类繁多，如真实与虚假的信息、正面与负面的信息、积极与消极的信息、历史与现实的信息以及国内与国外的信息等。各种各样的思想政治观点、情感体验、道德生活方式在互联网上得以呈现和传播，扩大了社会公众的话语权。同时，由现实到虚拟的场域转换，使得“互联网 +”时代思想政治教育环境的复杂性特点鲜明。因此，对这些不同性质的信息需要进行选择和甄别。

四是信息传递、变化迅速，具有广泛影响性。网络以现代信息技术为手段，以庞大的网络系统为平台传递信息。随着网络的不断普及，新兴的沟通软件，如微信、微博等的出现，消除了距离上的限制。如今，互动式交流成为社会进行沟通的主要方式。

（二）“互联网 +”时代思想政治教育环境的意义

“互联网 +”时代思想政治教育环境是一把双刃剑，在给高校思想政治教育工作带来了新机遇的同时，也带来了新的挑战。“互联网 +”时代思想政治教育环境对教育对象、思想政治教育活动起到了关键作用，具体体现在以下几方面。

一是“互联网 +”时代思想政治教育环境对教育对象的作用。首先，“互联网 +”思想政治教育环境对大学生认识世界和改造世界起着重要的导向作用。其次，“互联网 +”时代思想政治教育环境对教育对象有塑造作用。“互联网 +”时代思想政治教育环境中丰富而实际的教育资源，容易引发大学生的联想和共鸣，进而形成一种巨大的情绪激发力、思想凝聚力、精神感召力。最后，“互联网 +”时代思想政治教育环境对教育对象有规范作用。“互联网 +”时代思想政治教育环境制定了多种规则与规范，以引导大学生行为，使大学生的网上活动更加积极向上，也使他们在网络上的各种社会关系得到更好的发展。

二是“互联网 +”时代思想政治教育环境对思想政治教育活动的作用。“互联网 +”时代思想政治教育环境适应高校思想政治教育的特点和规律，及时有效地调整和控制教育活动的实际进程和具体的方式、方法，从而顺利开展大学生思想政治教育活动。

三是“互联网 +”时代思想政治教育环境推动教育对象与教育活动两者的有机融合和协同发展。“互联网 +”时代思想政治教育环境对教育对象和教育活动具有协调平衡作用。“互联网 + ”时代思想政治教育环境可以不断地加强二者之间的信息沟通和相互协调，避免出现失重、失衡、失调、错位等问题。

三、“互联网 +”时代思想政治教育环境改革

面对纷繁复杂的“互联网 +”时代思想政治教育环境，高校要充分发挥主观能动性，努力优化“互联网 +”时代思想政治教育环境，提升实际应用成效。改进“互联网 +”时代思想政治教育环境的质量，可以从以下几方面进行。

一是加强校园“互联网 +”时代思想政治教育平台的构建。目前，我国在网络覆盖、上网速度方面都有了很大提升。如今，人们的生活日益依赖于互联网，高校网络建设作为其中的一环，也取得了显著的进展。“互联网 +”时代思想政治教育，必须以良好的网络设备为前提，完善互联网硬件，充分发挥 QQ 群、微信公众平台等的教育功能，促进思想政治教育工作的开展。

在新时代教育形势下，高校对“互联网 +”时代思想政治教育环境的优化时要从思想上认识到当今社会是一个互联网信息社会，鼓励学生利用网络资源进行学习。同时，教师应善于整合互联网相关内容进行思想政治教育，以在线教育方式提供教学，降低教学成本，增加教学成效，更好地服务于教育事业。

二是完善校园主题教育网站的教育功能。“互联网 +”时代，高校思想政治教育环境优化必须完善校园主题教育网站的教育功能。高校要专门开辟校园主题教育网站。校园的每一个主题教育网站都应具有自己的特色、立场鲜明，以正确的政治思想理论为主要内容，引导和规范大学生的思想行为。高校要坚持以科学的理论武装人，弘扬时代主旋律，提高网络思想政治教育环境的育人效果。

三是提高“互联网 +”时代思想政治教育环境的文明程度。互联网本身无所谓好坏。在互联网上，伦理道德规范主要依赖于我们自身的内在信仰与价值观。所以说，提高个人素养是维护“互联网 +”时代思想政治教育环境的必要途径。

四是提高高校网络思想政治教育工作者的职业道德素养。网络思想政治教育工作者要有深厚的政治理论素养，要有较高的网络技术水平，要从网络中获取思想政治教育信息并进行提取、吸收、存储。

五是健全法律法规，科学管理互联网信息资源。为了改进高校的“互联网 +”时代思想政治教育环境，法律支持至关重要。加强法律监管能够有效监督网络上的各种行为，并对违法行为采取坚决的法律措施。要健全互联网法律法规，引导和约束人们依法使用互联网，加快发展互联网技术，利用现代信息手段把思想政治教育与科学技术革命结合起来，充分利用“互联网 +”时代思想政治教育环境的巨大潜力，持续推动“互联网 +”时代思想政治教育的创新发展。

第三节　高校思想政治教育学习改革

“互联网 + 教育”是一个不可逆转的时代潮流，重塑了一个开放创新的教育生态。在推进“互联网 + 思想政治教育”的改革进程中，必须围绕学生、关照学生、服务学生，不断提高学生的思想水平、政治觉悟、道德品质、文化素养，让学生成为德才兼备、全面发展的人才①。

一、“互联网 +”时代的学习改革

互联网将全世界的智慧和知识集中在一个开放共享的平台上，让所有人都可以在其中学习知识、生成知识，降低了人类获取知识的成本，带动了人类智慧的发展。互联网的虚拟世界，带给人们更为宽广的思维空间，也改变了人们的学习方式，进而引发了一场新的学习革命。

（一）学习空间的变化

20 世纪 90 年代，“学习空间”这一术语，是随着人们对学习过程理解的变化、计算机网络通信技术在教育领域的广泛应用，以及人们对非正式学习的重视而兴起的一个概念和理念。它与教学空间、教学环境、教室等概念的内涵有相似之处。但学习空间并不等同于传统意义上的教学空间等概念。“互联网 + 学习”正好就是对学习空间理念的现实应用和验证。

1．学习资源形态多元化

学习资源是学习空间的重要组成部分，是进行学习的前提。互联网是对全世界智慧和知识进行整合的一个巨大平台，使得人类的学习形态发生了全方位的变化，使人们畅游在知识和技能多维组合的学习海洋中。人们利用互联网，不再局限于某个图书馆或阅览室，从而拓展了知识来源的深度和广度，使得学习资源更加丰富。

互联网拓宽了人们的学习渠道，但无论网络技术多么先进，阅读纸质书籍仍是人们在“互联网 +”时代重要的学习途径之一。

“互联网 +”让人们在获得纸质书籍的途径上更加便利，如当当网、亚马逊、

① 翟芯茹．新课程改革背景下思想政治学科的学习方式及其转变探析 [J]．中关村，2022（10）：98–99.

淘宝等网店提供的纸质书籍买卖渠道。同时，“互联网+书店”还提供了很多纸质书籍的电子书。

学习资源的互联网化，是“互联网+”时代教育信息资源建设领域的一大发展趋势。人类的学习正在实现虚拟与现实的融合。

“互联网+”时代学习资源呈现如下发展趋势：①开放性资源：学习资源的全球开放催生了慕课等大量的视频公开课，从而打造了更广泛的开放教育资源体系。②整合性资源。为了满足学科综合性发展及“互联网+”时代的人才培养需求，国际上开始流行STEM教育（是一种科学、技术、工程、数学相结合的跨学科综合教育）和创客课程，很好地体现了对学习资源的整合。③碎片化资源。“互联网+”时代移动终端的普及、碎片化的学习资源将更有利于知识的快速传播与共享，也更有利于人际智慧的互联互通。④生成性资源。生成性资源是由学习者参与生成的具有过程性、参与性和进化性特征的资源。目前，国际上出现的学生生成内容（SGC）就是鼓励学生在教师的指导下去创作课程内容，重视资源生产与应用过程中产生的过程性信息的搜集，而非单一地学习课程知识。

2. 学习场合不断拓展

第一，传统教学空间的拓展。传统教学空间将学生集中在教室里授课，并要求师生在时间上必须完全一致。对教师的授课来说，互联网教育不用再规定时间、授课地点以及授课内容，可以通过大数据分析不断调整、充实、修改教学内容；对学生来说，互联网教育突破了时间和空间的限制，可以随时随地学习，只要有移动终端设备就可以轻松地学习。

第二，智慧校园的兴起。随着互联网技术的快速发展，新兴校园形态——智慧校园正在兴起。智慧校园是利用云计算、物联网、移动互联、社会网络等技术，对校园的基础设施、教育内容、教育活动、教育信息等进行数字化改造，有效支持教学过程分析、评价和智能决策的开放教育教学环境和便利舒适的生活环境，从而实现全新的智慧化服务和管理的校园模式。智慧校园借助学校信息化工作与学校各项常规工作在机制与机构等层面的融合，将技术与教育深度融合，促使校园与学习、科研、生活紧密叠加，大大延展了学生的学习和生活空间。

第三，虚拟校园的发展。随着虚拟现实、增强现实、物联网、普适计算等技术的快速发展，人类的学习环境正在融合虚拟环境与现实环境。虚拟校园把校园直接建立在网络上，由互联网平台营造出一个不同于现实的校园空间，让学生更好地融入文化之中。教师和学生通过互联网平台展开互动式交流，教师及时跟踪学生的学习进程，充分评估每个学生的互动反应并及时反馈，大大增强了学生的学习体验。

此外，随着移动终端设备的普及，移动教育迅速崛起。移动校园成为虚拟校园的一种新模式，其利用先进的硬件平台和产品组，在传统校园的基础上建立一个数字空间，最终实现将校园揣在口袋里的目标。

（二）学习方式的改革

学习方式是学习者持续一贯表现出来的学习策略和学习倾向的总和。学习方式的变革趋向于多样化、个性化、主动化、泛在化、创新化，不断由被动式向主动式转变，强调个性化的学习。

互联网拥有海量的学习资源，各种类型的学习资源数量多、质量高，如各种慕课平台、网易公开课、国家级精品资源共享课等。“互联网＋”时代的学习者要想拥有更多的知识，就要与整个网络的学习资源和知识节点产生信息连接与互动。随着教育信息化程度越来越高，终身学习成为人类社会发展的必然要求。学生使用平板电脑、智能手机等移动网络设备，不管是在校内还是在校外都能够获取信息，利用网络进行整理与综合，最终在上课的时候呈现，并与教师和同学进行分享与交流。跨界学习将是“互联网＋”时代的新型学习方式，它打破了传统学科学习的界限，将不同学科学习与技术应用结合起来，有效提高了对学习资源的利用，实现了对不同学科、课堂学习与在线学习、理论与实践之间的知识整合，提升了学习的深度和广度。

“互联网＋”时代要求学习者突破传统学习的常规格局，重视创新型学习，提升创新能力。学习者在学习过程中，不拘泥于知识，不迷信权威，不循规蹈矩。创新学习要求学生以已有知识为基础，主动结合实际，独立思考，大胆探索，积极提出自己的新观点、新思想、新思路、新设计、新方法。

“互联网＋”时代，智能手机等便携终端设备，让学习者不论何时何地都能够进行碎片化的学习。碎片化学习是一种借助零散的、片段的时间来进行短平快学习的一种方法。同时，碎片化学习有着更高的灵活度，是有针对性的学习，使学习者保持较高的学习注意力和兴趣。

二、优化“互联网＋”时代高校思想政治学习

高校思想政治学习面临着信息超载和碎片化学习两大挑战。信息超载问题日益严重，大学生需要通过科学组织信息活动避免超载带来的负面影响。信息和知

识的碎片之间的联系被过于庞大的超载信息弱化。因此，面对这两个难题，高校思想政治学习需要整合与重构。

一是引导学生学会搜索和选择。“互联网 +”时代的学习离不开信息的搜索。网络搜索可以快速地获取信息、收集大量信息。通过搜索进行学习，可以有针对性地进行信息浏览，减少信息超载现象。但是，由于每个人搜索的目的、内容不同，建构的知识体系也不一样，这时选择就成为搜索的继续。面对信息超载，首先，在复杂的信息环境中，思想政治教育工作者需要引导大学生结合自身兴趣和学习需要确定重点关注的信息范围，并为学生推荐高品质的学习资源；其次，引导大学生以解决问题为中心，重点关注相关问题的产生、演变、解决方式和最终结果等信息，保持沉着冷静与敢于否定的心态在纷扰的信息浪潮中辨析信息来源的权威性和可信度。

二是引导学生重视对个体知识的学习。人们需要通过改变对知识的记忆方式，重视每个连接个体知识的学习，并将其转化为个体知识。大学生根据个人需求和解决问题的需要，建构完整的、系统的、有序的个体知识体系。思想政治教育在引导大学生主动摄取对个体知识建构有价值的信息时，可以有效地避免无意义学习带来的信息超载。

三是引导学生重视对碎片化知识的整合。思想政治教育需要在组织过程中适当给学生一定的作业要求，让学生对头脑中碎片化的知识进行梳理、整合，深入分析、判断和思考，树立正确的价值观念。

第六章　高校思想政治教育的创新发展探索

本章介绍高校思想政治教育的创新发展探索，主要从两个方面进行阐述，分别是高校思想政治教育的创新方法、高校思想政治教育实践的资源创新。

第一节　高校思想政治教育的创新方法

一、网络手段的应用

随着互联网的广泛应用、经济全球化的快速发展，全球各种文化与价值观之间不断交融与碰撞，导致了全球的文化知识呈现出多元化发展趋势。随着微博、微信等新媒体的兴起，文化传播发生了翻天覆地的变化。文化传播方式的差异性同时造成了文化接受方式的多样化与内容的丰富化，影响着高校学生的思想、行为方式与“三观”。高校往往侧重于学生成绩与考试表现，在思想政治教育工作上一般采用传统的教学模式，造成学生不能体会思想政治教育的真正内涵，对社会主义核心价值观的认知程度低。因此，思想政治教育工作者必须意识到思想政治教育的重要性，改变教学理念，聚焦学生需求，灵活运用各种教学方法和模式，创新高校思想政治教育的工作方式与手段，以达到教学效果最大化的目的。

（一）构筑防范措施

1. 制定管理措施

高校必须制定管理措施，以监督、整治网络乱象。高校在充分肯定互联网重要的传媒作用的同时，也必须清醒地认识到，互联网是一把“双刃剑”，如果管理和使用不当，很可能成为影响我国政治稳定和社会安定的不利因素。

治理网络乱象，要从源头上规范网络空间秩序。不管是线上还是线下，不管在社交媒体上还是在现实生活中，都必须遵守法律法规。随着新型社交平台的涌现，高校必须及时采取相关管理措施来确保网络安全。高校要在“微舆论”“微传播”“微交流”中筑起一道有实际意义的“防火墙”，要求学生不发布、不转载歪曲事实的新闻等。相关部门应该就校园网络乱象加以监督和整治，并制定切合实际的管理措施。

2. 做好网络监督工作

做好监督工作，重在做好线索收集，实现监督零死角。在实际工作中，高校应重视信访举报制度，支持并推广实名举报制度，并对教师的教学责任事故进行严格追究。确保“微传播”整治活动置于师生监督之下。高校应建立党委、团委、学生群体三级公众平台，设立“微信箱”，通过微信平台接受学生举报，同时要求思想政治教育工作者在学生寝室宣传的同时做好线索收集，努力达成“无缝隙、全覆盖”监督体系，切实解决学生思想领域可能出现的偏差和实际问题，并紧紧围绕“防火墙”活动总要求，不断探索推进高校的政治生态建设。

（二）弘扬主旋律、传播正能量

网络需要正能量，更需要加强思想建设，以纠正一些学生长期以来被误导、扭曲的价值观，帮助其做出正确的价值判断。高校思想政治教育工作者应积极发挥引导作用，熟练运用互联网技术，与高校学生加强互动，共同筑起网络的蓝天净土。高校网络监管部门更应有效发挥职能，打击网络诈骗活动，为网络的健康发展提供坚强保障。思想政治理论课教师必须对自身言论负责，成为健康网络舆论的守卫者。高校学生群体也应进一步学会自我判断，不随波逐流，这既是对自己负责，也是对社会负责，更是对未来负责。只有弘扬主旋律、传播正能量，才能加强高校的思想政治教育工作。

（三）线上线下合力凝聚

1. 确定战略地位，实施专人负责制

高校在组织安排上应该确立思想领域的安全管理的战略地位，确定专人负责网络文明传播工作，从各个层面组建网络文明传播志愿者队伍及微信群、QQ 群，并确定责任人和组建临时应急小组，在紧紧围绕“中国梦”的主题背景下构建文明传播资源库，与不文明行为、网络“负因子”积极斗争，宣扬主题正能量，树立道德模范，传播文明，引领风尚，扩大主流思想的覆盖面和影响力。

2. 进行文化创建，掀起精神文明创建新高潮

利用“互联网 +”发动高校学生进行文化创建，不断掀起高校学生精神文明创建新高潮。深化网上文明社团（班级、寝室）创建活动。采取集中宣传、系列

宣传、专题宣传等方式，在网上全方位展示优秀社团的经验、做法，全方位展示网络“微”形象，集中在网上宣传各个社团（班级、寝室）文化的最新成果，引导高校学生见贤思齐，以良好学风净化校园风气，以正向班级建设绘就美丽心情。广泛开展具有特色的微型文化创建活动，运用思想政治教育和团委各类平台，引导高校学生恪守社会公德、职业（实习）道德、个人品德，在精神文明创建中以微型能量的积聚取得决定性成果。

（四）建设移动互联网的生态绿地

网络的涵养意义体现在和谐的移动互联网的生态绿地建设方面。

第一，利用网络社交平台，提高网络文明传播技巧。网络改变了高校学生的交往方式，成为精神营养“以心育心”的主要媒介。在高校学生之间，网上交际是非常普遍且重要的手段。互联网的虚拟环境使得网友之间能够在情感上进行沟通，自由地表达自己的观点。但客观地说，利用网络平台开展文明传播工作是一项新的课题。跟网络传播发展的大趋势相比，跟意识形态正向交际功能程度来比，高校意识形态网络文明传播还远远不够，有待进一步提高利用微博、微信等平台有效开展文明传播活动的方法、技巧。

第二，加强引导，切实提高网络文明传播质量。高校在进行宣传的时候，其“以心育心”理念的核心在于通过高校学子的交心互助，共同形塑文明风范的“联结契机”。网络文明的日益普及对网络的发展必将发生深远作用。所以说，应当共同对网络文明进行宣传，构筑和谐的互联网社会。为此，高校与社会各方应当齐心协力。网络文明宣传的管理者和参与者需要扮演好引导者的角色，在借助互联网的前提下，加强对网络文明的传播。需要切实提高高校网络文明传播的质量。这既是改进和创新精神文明建设工作的迫切要求，也是开展思想领域“以心育心”工作的必要指向。

（五）新媒体融入思想政治教育途径

2021 年 5 月，中共中央办公厅下发《关于在全社会开展党史、新中国史、改革开放史、社会主义发展史宣传教育的通知》，其中指出“要组织好各项宣传教育活动”，“要始终把握正确导向，树立正确历史观，准确把握党史、新中国史、改革开放史、社会主义发展史的主题主线、主流本质”。高校承担着培养社会主义接班人的历史重任，在注重思想政治教育工作的大环境下，思想政治教育成为高校教育中不可或缺的重要部分。加强高校思想政治教育，可以让大学生树立正确的“三观”，感受社会主义道路的正确性、制度的优越性和理论的创新性，并且让他们变得更加理性，使他们的信仰更加坚定、道德更加高尚，并以实际行动为实现中华民族伟大复兴献策出力，成为具有爱国主义精神的新时代优秀青年。

根据中国互联网络信息中心发布的第47次《中国互联网络发展状况统计报告》，截至2020年12月，中国网民数量已经超过了9.89亿人，其普及率也达到了70.4%。目前，高校学生的价值观念、行为举止等与互联网均有着密切的关联。新媒体作为以应用网络技术为核心特点的媒体，在思想引领、舆论引导等各个方面均占据核心的地位。所以说，高校借助新媒体进行思想政治教育尤为关键。

关于新媒体与高校思想政治教育关系的研究成果，主要聚焦在新媒体对高校思想政治教育内涵、传播媒介等所产生的影响与价值方面。研究思想政治教育方面的成果，主要涉及以下内容：思想政治教育同习近平新时代中国特色社会主义思想的结合程度；如何将思想政治教育融入高校的理论课教学中，包括逻辑、难点、路线等各个方面。所以说，高校需不断思考和探索，借助新媒体提升思想政治教育的传播效力、引导意义、影响力与公信力，保证思想政治教育的高质量发展。

1. 新媒体融入存在的问题

在信息化的背景下，高校需要借助新媒体，来帮助思想政治教育实现育人目标，但是，也面临着如下挑战。

（1）主体意识欠缺，专业能力不强

第一，在高校中，通常都是有着技术背景的人才能成为新媒体运营队伍的一员。他们虽然熟练掌握新媒体平台运营手段，但在思想政治意识方面还有待加强。思想政治教育工作者队伍主要包括高校党政部门人员、思想政治理论课教师、辅导员等。虽然他们有着良好的思想政治知识，但尚需提高使用新媒体的能力。第二，高校新媒体运营团队的思想政治教育能力不强，而高校思想政治教育工作者队伍使用新媒体的技能不高，他们之间并没有进行有效合作，以互补不足。第三，高校学生在思想政治学习方面并没有多加注重，缺乏学习热情。由于辅导员的专业背景各不相同，加上没有进行过与思想政治教育有关的专门训练，他们在思想政治教育方式、方法与新媒体应用上存在着差异，因此全员育人“大思政”格局有待进一步完善。

（2）信息良莠不齐，宣传内容单调

在信息化时代，新媒体呈现出一系列独有的特征，如互动性强、个性化定制、实时性强、信息共享广泛、数量庞大以及社交性强等。新媒体的“去中心化”使得党史、新中国史、改革开放史、社会主义发展史（“四史”）教育内容更加丰富，但同时也促使网络上的内容变得杂乱无章，信息的质量难以保证。

另外，为了加强思想政治宣传工作，高校借助“图片＋文字”的方法，如利用学校官网等对信息进行传播，或者借助讲座等方式进行宣传，宣传内容不能引起学生兴趣。此外，教育工作者往往只是单纯地传授一些知识，主导权掌握在教师手中，学生很难真正参与到学习中去，从而育人成效并不理想。

(3) 机制体制不健全，协作性有待加强

第一，高校思想政治教育体系中还没有完善的机制体制来整合新媒体资源。高校在利用新媒体开展思想政治教育工作的时候，没有专门的文件对工作进行明确的指导。此外，高校仅仅是简单地转发中央政策文件，并未依照高校现实状况制定具体的实施策略，造成政策实施不充分。

第二，新媒体与高校思想政治教育部门的协作性有待加强。新媒体运营管理机构与高校思想政治教育部门，仅仅是在发布与提供思想政治教育内容方面进行合作，它们的运营并不存在联系，并未进行充分的沟通交流。这就造成了教育内容缺乏创新性，形式老旧。

第三，尽管新媒体在高校中得到了广泛的应用，但年长的教师在新媒体的教学使用上并不熟练。此外，年轻教师的思想政治素养欠缺，思想政治知识缺乏。

第四，高校思想政治教育需要改善其技术环境。一些高校在信息化基础设施建设方面需要增加投入。一些高校的新媒体平台在系统上关联性不强，并且兼容性不好，整合程度不高，造成了资源的浪费。由于未形成新媒体生态矩阵，这些平台在“四史”教育方面的成效并不高。

2. 新媒体融入的可行性

随着新媒体的兴起，高校思想政治教育发生了翻天覆地的变化，在教育内容、平台、目标、理念与能力上都面临着巨大挑战。在新时代的思想政治教育改革中，充分利用新媒体的优势，积极推行新媒体思想政治教育，是必不可少的举措。

(1) 主体可行性

新媒体已经成为高校思想政治教育中的重要组成部分。高校新媒体部门的人员构成如下：一类是高校新媒体运营队伍，另一类是思想政治教育工作者团队。第一类指的是个人、团队或组织，他们负责管理、运作与维护各类组织机构的宣传平台，如微信公众号、微博、小程序、抖音等。第二类指的是思想政治理论课教师、辅导员、班主任等。高校新媒体运营与高校思想政治教育主体的目的基本保持一致，都致力于为高校学生提供思想政治教育，并坚定他们的政治立场，全面提升他们的素质，以使他们适应新时代的发展需要。高校思想政治理论课和新媒体运营课程在内容上存在一定的融合。在高校中新媒体宣传的非常核心的一项就是最新的党的理论、政策与方针，旨在巩固高校的思想政治教育成果。作为目前高校教育内容的核心之一，思想政治教育有助于党中央精神的落实，也是提升思想政治教育现代化水平的关键措施。

（2）资源可行性

高校思想政治教育可以利用两种类型的新媒体资源，即平台资源和教育资源。平台资源是指通过网络、手机等媒介进行传播的，归属于高校新媒体平台的资源。教育资源是指高校思想政治教育资源，包括图片、影像等资料。

高校现在采用各种数字化媒体进行宣传，如网络、手机和数字电视等媒体已成为主要的传播渠道。尽管如此，传统媒体，如报纸和杂志仍扮演着不可或缺的角色。两种媒体形成互补，共同促进了信息的传播。高校已经建立了一个包括官方微信公众号、抖音、今日校园等新媒体平台的传播生态矩阵，这个矩阵的形成为高校思想政治教育提供了更为广泛的传播方式。高校的思想政治教育资源主要含有物质资源与在线数字资源，并且新型媒体科技能够对物质资源进行数字化处理。此外，思想政治资源分布广泛，种类繁多，内容也十分丰富，包括学校的校史馆、博物馆等收藏的丰富资源，还有与影视剧、书籍等与思想政治有关的文化方面的资料。

（3）环境可行性

新媒体融入高校思想政治教育的环境是指新媒体在高校思想政治教育过程中所涉及的环境因素，其中涵盖了与新媒体融入有关的制度、组织、文化和技术方面的影响要素。

首先，在高校中，新媒体已逐渐被纳入思想政治教育体系，这一趋势越发明显。相关部门已经发布了很多相关的文件，如教育部等八部门发布的《关于加快构建高校思想政治工作体系的意见》提出了“加强网络育人”的要求。根据《高校思想政治工作质量提升工程实施纲要》的规定，我们需要建立一个网络教育的质量提升体系，并且，高校思想政治教育已初步建立了融入新媒体的组织环境。高校中的新媒体管理机构由党委宣传部、新媒体中心等部门组成，同时，一些学校的“两微一端一抖”的团队运营也组建成功，由各级党委、团委等单位组成的思想政治教育组织架构也达到成熟阶段。越来越多的高校意识到新媒体在思想政治教育中的重要性，开始将其纳入文化环境中。现阶段，高校开始普遍采用“线上＋线下”混合式教学，这已成为教学管理的常规做法，教师对新媒体的接受度增加。全国高校纷纷举办了以思想政治教育为主题的活动，如经典诵读等，以此来推动学生更深入地学习思想政治。这一学习风潮在高校中不断升温。目前，高校思想政治教育中融入新媒体的技术条件不断得到提升。高校采取自主研发等多种方式，将大数据、云计算等新型信息技术纳入其新媒体平台的建设中，如门户网站、今日校园等。

3. 新媒体融入的实现途径

2016 年，习近平总书记在全国高校思想政治工作会议上提出，“要运用新媒体新技术使工作活起来，推动思想政治工作传统优势同信息技术高度融合”[①]。高校以新媒体助力思想政治教育高质量发展，可从以下几个方面着手。

（1）培育思想政治教育队伍，促进主体协同

第一，高校必须改变其育人工作理念以适应新媒体环境的影响。高校有着“以新媒体育时代新人”这样的理念。在教学过程中，思想政治教育工作团队需要提升新媒体技能，新媒体运营团队需要提升思想政治素养。

第二，为了解决思想政治教育工作团队对信息技术运用不熟练以及经验缺乏的问题，需要加强团队与新媒体运营团队的合作。具体而言，要组建合作小组，并定期开展交流会议进行培训，从而分别相应提高双方队伍的新媒体技能与思想政治教学技能，进行优势互补。此外，高校应该以思想政治教育为核心，深入挖掘其中的要素，并将新媒体技术应用于其中，以期改变思想政治教育与新媒体融合缺乏创新的现状。

第三，高校应当为辅导员安排一些新媒体素养培训课程，以鼓励他们积极运用新媒体来进行实际教学。

第四，在高等教育机构中建立一个思想政治教育的协同体系，其中由党委担任领导者，参与者主要包括党（团）组织、宣传机构、学生会、学生社团等。

（2）丰富思想政治教育内容，创新传播途径

首先，高校要在整合思想政治教育资源同新媒体资源方面努力，使两者相辅相成，协同育人。总的而言，思想政治教育应基于马克思主义新闻观，以“内容至上”为指导思想，严格把关内容的质量。贯彻习近平新时代中国特色社会主义思想，将其贯穿于思想政治教育的整个过程当中。同时，加强对学生思想价值观的引导，强化社会主义核心价值观、网络道德观、媒介文化观等。利用新媒体，

① 张烁．习近平在全国高校思想政治工作会议上强调：把思想政治工作贯穿教育教学全过程 开创我国高等教育事业发展新局面 [EB/OL]．(2016-12-09) [2023-05-23].http://dangjian.people.com.cn/n1/2016/1209/c117092-28936962.html.

以多元化的方式传达思想政治中的重要事件、会议、文件及人物等。

其次，高校应该充分利用学生广泛使用的微博、学习强国等新媒体平台，构建覆盖多个平台、广泛传递思想政治教育信息的矩阵。为适应碎片化阅读方面的要求，高校应当设计内容更加丰富的学习资源，其中包括大量针对思想政治知识的短视频，同时还应该搭建互动的渠道，以促进师生之间的互动，从而更好地把握和主导网络舆论，占据思想政治教育阵地的制高点。

（3）优化思想政治教育环境，构建生态体系

管理政策应涉及多项规范，包括信息发布、信息传播等方面。此外，还需要颁布基于新媒体下的思想政治教育规范的法律法规，并制定指导纲要，以提供高校思想政治教育的政策引导。

高校应该成立一个由新媒体部门与思想政治教育部门两者相结合的机构或者委员会，并由校领导牵头，以促进部门之间的交流和学习，打破“部门壁垒”，建立一个高效的、扁平化的新媒体思想政治活动场所，加强两者的合作关系。高校应该持续加强思想政治教育的宣传工作，利用新媒体平台，以师生乐于接受的手段激发全体师生深入学习的兴趣。此外，高校还可以组织信息化教学技能竞赛，开展网络素养培训班等活动，以加强教师在信息化教学方面的认知。高校应借助大数据、云计算等，研发思想政治教育管理信息系统，借助微博等新媒体平台构建更加立体化、方位化的传播生态矩阵，最终形成以制度为引领、以组织为依托、以文化为动力、以技术为保障的高校思想政治新媒体生态系统。

随着信息技术的不断发展，新媒体已经被广泛地应用到各个行业里，尤其是在教育领域，它的应用推动了教学方式的变革。如今，线上教学模式变得越来越常见。在高校的工作中，思想政治教育已经成为重要内容。运用新媒体手段，高校可以充分运用多媒体等信息技术，显著提高思想政治教育的成效。这一方式可以让高校学生对古今中外的历史有更为深入的认识和了解，有能力批判历史虚无主义，为祖国贡献力量。

二、重视实践活动创新

实践活动教学近年来逐渐受到学者和一线思想政治理论课教师的重点关注，作为高校思想政治理论课教学的一种教学方式，其既是顺应时代发展进行的有效尝试和客观选择，也是培育新时代优质创新型人才的教学手段。因此，高校思想政治理论课教师要认真思考、努力研究如何更好、更有效地在高校思想政治理论

课堂教学中推进实践活动教学，推动我国高校思想政治教育教学模式改革创新。本部分以“辩论”活动的开展为例来谈一谈实践活动教学对于学生思想政治教育的重要意义以及活动的开展过程。

（一）实践活动开展的意义

为了提升学生的思维能力、加强学生的价值观引导、提高学生的综合素养，以落实培养德智体美劳全面发展的教育目标为宗旨，在高校思想政治教育中，高校应采用实践活动的教学手段。具体而言，实践活动教学可以有效地培养学生的思维能力，加强对学生的价值引导，并提升学生的思想政治核心素养。这对于实现我国教育“立德树人”的目标，从学生的情感、态度、价值观等多个方面逐步提升学生的素质，实现知识和价值的双重传递，同时致力于培养学生的思维能力，引导他们树立正确的价值观，力求完成学科核心素养的培养任务意义重大。在高等教育中，实践活动可以提高学生的综合素质，并为我国的思想政治教育做出贡献。

1. 培养学生的思维能力

实践活动对于学生的思维发展是十分有利的，如“辩论会”活动的开展对于学生辩证思维能力的发展具有非常重要的意义。所谓辩证思维，就是指以变化发展的视角认识事物的思维方式。开展“辩论会”这一实践活动，既有助于学生形成正确的价值取向和道德定力，同时也能提高学生的辩证思维能力。可见，辩证思维作为一种高阶思维，是高校学生培育科学精神必不可少但在培育上又有一定难度的思维能力。具备这一思维之后，学生可以理性、辩证地看待不同观点，从感性认识具体上升到理性认识的最高阶段。通过参与“辩论会”的实践活动，学生可以深刻体验到高校思想政治理论课教学中辩证思维的精髓所在。首先，教师巧妙地设计一些有启发性、引人思考的争议性课题，为学生辩证思维能力的培养提供机会。其次，学生在探讨具有价值冲突的观点时，应该采用辩证和理性的态度，理解和尊重不同观点的多样性。在教师的指导下，避免情感用事的倾向，通过反复锻炼，逐渐形成全面看待问题的辩证思维习惯，并使之常态化。最后，高校的思想政治“辩论会”活动注重教师引导学生思维，学生要在教师的帮助下，建立理性的思维习惯，在面对问题时，能够理智思考，做出理性判断。教师帮助学生在反思中纠正思维偏差，以达到学生能形成正确的世界观、人生观和价值观的目标。

2. 切实强化价值引领

习近平总书记在全国教育大会上强调“培养德智体美劳全面发展的社会主义

建设者和接班人”[①]，要解决好“培养什么人、怎样培养人、为谁培养人”这个根本问题，必须凸显价值引领的作用。高校思想政治理论课是德育性与价值引领性相统一的课程。

在如今信息化技术迅猛发展的时代，学生可以很容易地获取不同来源的信息，其中涵盖了各种社会文化思潮。同时，处于关键的价值观塑造期的高校学生需要面对种种挑战。因此，加强对学生的价值观引导是高校思想政治理论课教学的内在必需。在高校的思想政治理论课“辩论会”中，学生和持有不同观点的同伴针对特定话题展开辩论，以达到通过对比和辨析的方式提高自己的认识水平、做出正确的价值判断和解决问题的目的。这样的教学活动能够帮助学生形成正确的人生观、价值观和世界观，引导他们做出明智的价值判断和选择。

3. 培育思想政治学科核心素养

为实现思想政治学科的育人价值，必须坚定不移地贯彻立德树人的根本任务。思想政治学科核心素养则是该学科育人价值的核心内容，它主要体现在学生的政治认同、科学精神、法治意识和公共参与等方面。

教师在高校思想政治实践教学中扮演着引路人的角色，帮助学生培养和提升学科核心素养。因此，教师应提供自由度较高的学习环境，引导学生进入开放、灵活的学习环境。在“辩论会”活动中，提出适当的问题，营造真实的情境，可以有效地调动学生的积极性，鼓励他们从多方面和多角度考虑问题。通过参与对话辩论，学生可以进行比较、辨析和思考，促进创造能力的培养。建立的民主、自由和宽容的学习环境，可以激励学生成为思想政治学科的主动学习者和积极探索者，从而提升其核心素养。

另外，学生通过参与实践活动和接触情境性资料，容易产生情感共鸣，从情感层面上巩固了对中国特色社会主义道路的理解，进而提高了政治认同水平。学生通过参与“辩论会”活动，在对问题进行比较鉴别的过程中，不仅增强了对马克思主义基本立场、观点和方法的理解，也提高了辩证思维能力。他们能够提出符合正确价值观的计划，并培养科学精神和技能。学生在参与“辩论会”活动过程中，积极运用小组协作的方式，通过严格遵守小组规则和履行自身组员职能的实践培育集体主义思想。在与同伴的辩论过程中，学生提高了沟通协商、解决问题的能力，同时

① 培养全面发展的社会主义建设者和接班人：一谈学习贯彻习主席在清华大学考察时的重要讲话 [EB/OL].（2021-04-21）[2023-05-23].http://www.qstheory.cn/qshyjx/2021-04/21/c_1127355344.htm.

在亲身体验社会生活的过程中，增强了社会责任感和公共参与意识。

（二）实践活动的开展过程

下面以“辩论会”活动为例，谈一谈实践活动的开展过程。

1. 实施进程安排

（1）前期准备阶段

根据教育目标分类理论，将个人的认知领域的目标分为六个等级，由低到高依次为记忆、理解、应用、分析、评价和创造。

前期准备阶段旨在让学生熟悉并适应辩论。首先，让学生在课堂上对一些问题进行判断，通过回顾和比较来理解，实现教育目标从“记忆”阶段到“理解”阶段的转变。其次，在课堂上选取一些与思想政治教育内容相关的适宜辩论的话题，引导学生参与讨论，通过展示不同的观点和想法，帮助学生分析、辨别观点的正误，以达到更高层次的教育目的，如应用、分析和评价。

（2）重点研究阶段

在这个阶段，重点研究的是如何进行辩论式教学，并将其运用到实践中。在进行辩论式教学之前，先要进行前期准备，即要培养学生辩证地看待事物的能力、独立思考和表达观点的能力以及与他人讨论的能力。一旦学生具备了这些基本技能，就可以开始正式进行辩论式教学了。通过面对复杂的情境，学生可以进一步发展自己的思维能力。在课程结束后，教师可以发放问卷以及提供学生访谈提纲，以便收集有关辩论式教学手段在高校思想政治理论课中应用的反馈意见。分析这些数据，可以探索这种教学手段能为学生带来什么样的变化，有哪些优势和出现了哪些问题，并分析这些问题产生的根本原因。

2. 具体操作环节

目前，在思想政治理论课中，采用辩论式教学手段的比例并不高。综合文献资料，考虑到辩论式教学手段在课堂中的应用价值，根据相关学者在各学科的实践研究和辩论式教学手段的理论依据和特点，结合思想政治教育的实习和任教情况，建立一套适用于未来的教学实践的辩论式教学手段流程。这一流程包括以下五方面。

（1）创设冲突情境

创设冲突情境旨在通过外部干扰，揭示学生认知结构中的内部观念矛盾，激发认知差异，并通过不断分析和思考，使学生的观念摇摆的天平向更有利的一方倾斜。直白地说，就是引导学生身临其境地体验两难局面，并在这个真实的情境中提高思考和分析能力，以做出正确的价值判断和选择。因此，创设冲突场景是非常关键的。另外，在选择问题时需要考虑情境因素，并关注以下几个方面：问题是否具有适当的可辩论性和价值冲突；问题是否能够引起学生的深入思考，从而提高他们的辩证思维能力；问题是否符合学生当前的发展水平。因此，问题的提出必须以具体情境为起点，在这一过程中，问题的设定通常会涉及以下几种类型。

就辩论的结果而言，可以将问题划分为问题求解型和分析论证型，这是根据辩论结果是否唯一划分的。问题求解型问题指的是能够得出明确答案并且有统一结论的问题。例如，未来是否可能用白板笔取代粉笔。通过对不同观点进行辩论来获得确定的结论。分析论证型问题的任务要求是让学生从多个不同视角和层面来审视问题，发展能够将学术理论与实际情况关联起来的多元思维能力。这是为了利用开放性的问题激发和提升学生的思考能力，旨在培养学生思考的广度和深度。

就辩论目标而言，可以将问题划分为知识澄清型和价值澄清型，这是根据辩论目标的侧重性不同划分的。知识澄清型问题是一种通过辩论的方式对学生在某一知识点上存在的不清晰或混淆的情况进行梳理，以弄清其本质，并能够识别其与其他知识点之间的联系和差异，同时分析造成混淆的原因的问题。为了确保概念的准确性，需要清晰地区分那些易于混淆的概念，如传统文化和当代文化、民族文化和外来文化等。价值澄清型问题是为了解决在两种价值观念无法协调的情况下，讨论在坚守正确的价值观的基础上，应该如何做出行为选择的问题，如“只有弘扬中华文化的民族特色，才能让其在全球范围内形成更深远的影响力吗？”就文化创新而言，有两种流派：一种是借鉴外来文化，另一种则是继承传统文化。在这个问题上，学生可以分为不同的阵营表达自己的观点。

(2) 组织自主讨论

在教师引导学生讨论问题时，教师和学生分别扮演着组织引导者和讨论者的角色。在这个进程中，应该平衡导向和开放之间的关系，既要寻求共同点，也要允许不同的观点存在，尊重和允许“不同”。

作为教师，一方面要积极地鼓励学生从个人经历和素材出发，通过不同角度的思考，表达出自己的想法；另一方面应当尊重学生的观点差异，倾听各种不同的声音。同样重要的是，教师应该坚守共识的基本原则和标准，引导学生做出符合正确价值判断和选择的决策。

无论是追求共同点还是接纳差异，教师都需要合理地引导。在使用辩论式教学手段时，教师的导向性主要表现在三个方面。第一，价值的引导。高校的思想政治教育旨在积极地引导学生认同和践行社会主义核心价值观等育人目标。当学生表达自己的想法时，有时候可能会偏离教师所预设的价值观念。如果教师没有及时对学生的不正确的观念进行引导，学生可能无法正确地认识到自己的错误，就可能会导致这种错误的观念在学生心中根深蒂固。因此，教师的引导对于学生价值观念的形成和发展至关重要。教师需要坚持马克思主义基本立场和践行社会主义核心价值观，引导学生分辨事物的真实与虚假、善良与邪恶、美好与丑陋。第二，方法的引导。教师的首要任务是为学生提供能够自主进行探索和讨论的方向。这个任务可以通过向学生介绍相关的基本概念和理论，介绍与之相似的过程，并确立讨论的规则来完成。在开展讨论时，每个小组都应该指定一名组长、一名记录员进行监督，并规定讨论的时间和方式。第三，引导的限度。教师不应该在学生只要有需要时就提供引导，这样会让学生失去思考的能力，容易让学生产生依赖心理，还会阻碍学生进行独立探索。相反，教师应该有计划地引导学生，帮助他们学会自主思考。因此，教师应该以合理有序的方式，适时适量地引导学生，特别是在学生开始学习之前，需要给予他们更多的帮助，之后逐渐减少对学生的干预，让学生逐渐熟练和加深对知识的理解，最终让学生独立地整合和分析信息，形成解决问题的思路和正确的学习行为。

在教师的引导下，学生自主展开讨论，并保持讨论的开放性。在辩论式教学中，学生的讨论具有开放性，这是因为辩论式教学并不要求学生对所有的知识点都要从理论上掌握其内涵。当学生仅被要求进行知识点的死记硬背时，容易导致以下两个问题：一方面，学生的学习兴趣难以激发；另一方面，学生缺乏自主解决问题的能力，并难以理解知识的实际意义。因此，进行开放性讨论有助于学生培养创造性思维能力并提出问题解决方案。进行开放性讨论时，需要注意限制时间，以避免讨论过程过长，导致话题偏离。另外，要确保小组成员的参与度，最好让每个人都积极地加入讨论中。小组人数以四人左右为宜。当有偏离或过于冗长的发言时，主持人需要及时将话题重新引回正轨。以上是开放性讨论需要注意的地方。

（3）对话异质同伴

利用辩论式教学方法，可以让学生听到不同的观点和看法，从而刺激学生的思维，鼓励他们进行深入的思考，最终达到既尊重不同意见，又互相倾听、求同存异的理性认识目标。在合作学习的异质同构理论中，所谓的“异质同伴”指的是在学习基础、性格特点和兴趣爱好等方面具有显著不同特点的同伴组合。这个团队的目标是通过互相合作和协同的方式来拓展知识范围，以及拓宽解决问题的渠道。在高校思想政治教育中使用辩论式的方法，旨在通过对建构主义理论的应用，加强小组内部以及小组之间的交流和讨论。这种方法着重于探求参与者间的思维或认知差异，以创造思维上的契合，在深化学生对问题认识的同时，鼓励不同观点之间的交流。和异质同伴的交流意味着在独立思考后，与持有不同观点的人进行辩论和对话。在这个过程中，双方都会试图质疑对方的观点，并提出新的论据巩固自己的观点。通过倾听和反思，双方可以修正自己的观点并让多种意见逐渐统一。这样的对话可以让真理越辩越明，使参与者和听众都能分享思维碰撞的成果，并在不知不觉中对问题有更深入、全面的理解。

有效的对话需要教师充分尊重学生的自主性和合作精神，给予他们足够的时间和空间进行独立思考和相互交流，并鼓励他们基于正确的价值观表达自己的看法，以期达成积极的共识。除此之外，教师还需要引导学生进行对比和探究彼此的观点差异，使其能够更加全面、深入地理解问题。因此，学生在对话中必须以倾听为基础，表现出相互尊重的态度。学生之间的对话应该是基于各自的独立观点进行平等沟通与分享的，同时尊重、信任、批判、合作和共同进步。学生应该学会聆听他人的观点，并尊重他人，避免过于频繁地打断他人的发言。要实现彼此进步，学生就需要学会关注对方的观点并从中学习、发现问题、提出怀疑。这样才能互相成长、共同进步。因此，教师的工作之一是教导学生学会积极倾听他人，并在合适的时机表达自己的观点。此外，在课堂秩序被打乱时，教师必须采取措施，如口头提示或动作示意，制止混乱的局面，以创造一个热情适度、民主平等的辩论环境。教师还应该引导学生掌握情绪调控技巧，不要被情绪左右。

（4）做出理性判断

通过对话环节，学生可以比较和思考不同观点的合理性，以及哪些观点可以取长补短，从而达成共识，继而在最后总结之前，实现反思自己的观点，发现并修正缺陷，以做出正确决策的目标。如果教师不对辩论活动中有冲突性的情境、不同观点之间的博弈、头脑风暴的思维活动以及价值观的汲取进行及时而系统的小结和梳理，学生就很难消化吸收这些知识。这就会导致这些活动只是为了让课堂更有激情，而忽略了辩论式教学的真正目的，无法将这些素材内化为与学科相关的核心素养。因此，小结和梳理环节在辩论式教学中起着至关重要的作用。

在应用辩论式教学方式时需要遵守两个原则，即系统性原则和反思性原则。系统性原则是指应该注意对辩论过程中的各个环节进行有序、全面的分析和总结。反思性原则是指应该对辩论过程中涉及的问题进行深入思考和反思，以不断提高教学效果。系统性原则要求教师通过将教学内容与辩论活动有机结合，逐步深入地回顾教学知识，从局部到整体、从点到面，注重学科知识的体系性和连贯性，以实现学生全面而不孤立、深入而不单薄的学习效果。反思性原则要求教师能够通过课堂小结，将课内知识与课外材料进行总结和延伸，使学生能够在反思中认识自己的成长历程，同时也要保证情感和理性的融合、知识和行动的统一。

（5）多元评价效果

高校思想政治教育的辩论式活动强调评价学生在应对复杂问题时所表现出的思维转变和行为特征，而非传统单一的课堂评价方式，即以学科知识为核心。这种评价方法具有客观性、指导性和发展性的特点，教师可以据此对学生进行评价。采用多元评价方法，对学生在特定科目任务中所表现出的学科知识、思维能力等多方面进行评价，以达到优化教学效果的目的。

思想政治理论课的辩论式教学应该通过评价来促进学生的学习和成长。因此，教师在评价学生时，必须考虑评价的客观性、指导性以及促进学生发展的特点。评价应该具有客观性，如果只是不断地赞美和夸赞，学生可能会盲目自信，无法真正进步。评价应该具有指导性，不应该预先给出结论，而应根据每个阶段学生的行为表现和态度变化，适时地进行反馈和调整，并在不断反馈中使学生实现螺旋式地向上发展。

（三）实践活动教学改进策略

1. 教师方面的改进

（1）更新理念

教师应更新理念，坚持思想政治理论课教学方向与辩论式教学实践相结合。教师应具备先进、科学的教育理念。2019年，在学校思想政治理论课教师座谈会上，习近平总书记明确提出了“推动思想政治理论课改革创新”[①]，这为新时代思想政治理论课的高质量教学指明了方向。在这个教育方向下，思想政治理论课教师应该跟随时代的发展潮流，深入理解座谈会的精神和理论内涵，应该坚定地将思想政治理论课的基本遵循与辩论式教学实践相结合，注入时代活力，对高校思想政治理论课教学进行创新，加强理论与实践的联系。

首先，思想政治理论课应该确立正确的政治方向，并进行深入的学术分析。如果只注重思想政治理论课的政治性，分离它与其他学科，就会使思想政治课成为标签化的学科，只能让学生背诵上级政策而无法真正说服学生。如果只注重思想政治理论课的学术性，就会导致所谓的“学术中立”，没有一致的标准作为指

① 用新时代中国特色社会主义思想铸魂育人 贯彻党的教育方针落实立德树人根本任务 [N]. 人民日报，2019-03-19 (1).

导原则，更不用谈坚定、认同政治信念了。因此，在开展辩论活动时，应强调对中国特色社会主义的政治认同和价值认同。教师通过运用深刻的马克思主义基本观点，以及符合逻辑的推理方式来解答学生的问题，从而赢得学生的认可。

其次，思想政治理论课需要坚持知识性和价值性相统一。价值观是知识的精髓所在，而知识则是价值观的传承工具。如果只注重思想政治理论课的知识性，而不积极引领学生树立正确的世界观、人生观和价值观，那么就无法有效地培养学生。如果不将思想政治理论课的知识贯穿其中，仅仅强调价值，教学就会变得空洞无味。因此，在采用辩论式教学时，教师必须以学科知识作为基础，完成教学任务，为学生构建知识体系，把握培育社会主义核心价值观的意识形态主线，突出价值引领的作用，这也是进行辩论式教学的根本目标。

再次，思想政治理论课需要同时注重建设性和批判性。正所谓“不破不立”。在思想政治理论课中，“破”是指要具备识别错误思想观念和思潮的能力并能够有力地批判它们，坚决维护正确的思想道路。“立”意味着敢于运用马克思主义理论指导学生与错误的思想和观点进行斗争，推动社会向积极方向发展。

最后，思想政治理论课应该坚持理论与实践相统一的原则。应采用科学的理论来培养学生，再通过实践活动来验证学生的学习成果。如果思想政治理论课重理论而轻实践，那么理论可能变得空洞无物。即使学生抱有远大的志向，如果缺乏实践和奋斗，也只能是“一纸空文”。如果思想政治理论课重实践而轻理论，学生就很难用科学的理论知识来武装自己的头脑。这时，他们容易只看到事情的表面，而缺乏深入分析，难以找到正确的实践方向。

（2）明确活动的本质要求

“活动型学科课程”是当前备受关注和热议的一种课程模式，这一模式有效地改变了过去只注重死记硬背知识和应试教育的思想政治理论课堂。许多教师为了探索和实践这一教学模式，将其作为一个重要切入点。但是，只有正确领悟活动型学科课程的相关要求，并充分熟悉其中的关键要素，才能保证在采用创新教学方法时正确引领方向。因此，为提升教师的专业水平和素养，教师必须回归到思想政治理论教育教学的要求上来，明确将辩论式教学作为活动型学科课程开展的本质要求。

首先，为了有效进行辩论式教学，应该在课堂内外相结合的条件下进行。为了使思想政治理论小课堂的思维活动更贴合社会大课堂的实践活动，应当改变过去活动与学科内容相分离的做法，采用一种新的方式，即在活动过程中融入学科知识，从而达到思维和实践的有机结合。为了丰富辩论式教学的活动形式，这种教学手段的呈现方式应当采取课内与课外相结合的形式。这种教学方法可以鼓励学生积极参与实地调研、采访，或者利用互联网收集现实社会素材，并将它们运用到课堂中，作为课堂教学中独立思考、自主辩论和互动讨论等不同的教学方式的理论依据，从而丰富辩论式教学的活动形式。

其次，为了有效实施辩论式教学，活动设计需包含结构性的学科内容。教学内容与辩论活动的设计应相互补充，前者解决学生应该“辩什么”，后者则解决“如何辩”。为了将它们有机地融合起来，教师需要整合相关理论知识并提供序列化的活动设计，确保这些内容贯穿于整个教学活动中。学科内容的结构化可以被概括为一种方法，通过该方法，我们能够用一定的逻辑方式将知识相互关联并加以组织，从而使得知识更加有条理、系统化。在梳理思想政治学科知识时，需要有两个方面的考虑：第一，要通过考虑书本的逻辑顺序，从纵向角度出发理解并构建整个教材的知识网络；第二，需要综合思想政治理论课的观点，从横向角度出发，确保知识的衔接。

再次，辩论式教学的评价方式既要关注过程也不能忽视结论。这是由活动型学科课程的开放性决定的。进行辩论式教学时，需要对参与辩论活动的学生的每一个阶段的表现与能力进行评价。例如，学生是否勇于表达自己的观点，评价学生的语言表达能力；学生是否尊重他人的观点，评价学生的交际能力；学生能否对自己的辩论思想和观点有深刻的认识，评价学生的辩证思维能力；学生能否反思自己在活动过程中的表现并做出正确的价值判断和价值选择，评价学生的判断能力和参与能力。全面客观地评价学生的表现，既要考虑他们在学习过程中的表现，也要结合他们的学习成果。

2. 注意问题设计策略

当高校的思想政治理论课采用辩论式教学时，必须就某个争议性议题展开辩论活动。在这个过程中，选取合适的辩论问题至关重要，因为它是激发学生积极主动参与学习的起点，同时，这也是辩论式教学关键的一步。因而，在构思辩论式教学的辩论活动时，应该遵循以下四个准则，以选取和设计合适的辩题。

(1) 辩论的问题需具备针对性

针对性是指能够突出学科理论知识并有利于思想政治学科教学任务的完成和学科核心素养培养的目标实现。这样可以实现学科知识、学科任务与学科核心素养的有机结合。另外，在选题时也需要考虑学生的认知特点和水平，以反映他们的“最近发展区”。如果辩论的问题与学科知识没有密切联系，无法为教学服务，那么这样的辩论就没有意义，空洞无物。因而，在设定辩论议题时应当基于教学内容和任务，着重突出教学的重难点，鼓励学生运用所学学科知识和思维技巧，以实现学生对问题解决能力的培养。另外，教师所提出的辩论议题既不能过于简单以至于学生能轻松回答，也不能太难以至于学生无法理解和回答。相反，这些议题应能够激发学生的思考、促进学生的对话和合作探索，从而推动他们在“最近发展区”范围内实现更高水平的学习。这些问题可能是学生无法解决的困境，也可能是学生在感受时代发展、遭遇新情况及问题时所面临的价值选择，还可能是那些与学生生活密切相关、有助于激发灵感的社会争端问题。

（2）辩论的问题需具备思辨性

思辨性问题是指需要学生对问题进行全面分析和深入思考，以促进他们的思维活动的问题。首先，为了促使学生更好地进行思辨性思考，教师需要让他们通过全面、理性的分析来得出结论。这样做的原因在于思辨性问题的解答并非只涉及个人的感性层面，而是需要借助学生已有的经验，联系个人与社会、国家之间的关系，从而启发学生的发散性思维。其次，教育工作者需要让学生具备辩证思维能力。教师应该帮助学生掌握并运用唯物辩证法，来辨别、分析不同的观点。在这个过程中，学生需要深入思考，权衡利弊。最后，具有思辨性质的问题仅靠一个人很难解决，要想获得进一步的启示和助力，就必须依靠同伴。因此，这种辩论活动可以在培养学生与人合作、相互理解及接纳整合的能力方面发挥重要作用。因此，辩论问题的设置只有具备思辨性，才能解放学生的思维。

（3）辩论的问题需具备开放性

辩论的问题必须具有开放性，不能仅仅局限于教材中的某个知识难题。辩论问题的设计应该保持开放性，要能够启发学生从不同的角度探讨问题。不应该仅仅局限于某种思维范式中，而是要容纳多元化的观点，促进学生的思维发散。这样便可以激发学生运用富有创意的方法和途径来解决问题。

（4）辩论的问题需具备思想性

为了确保辩论式教学的方向，辩论的问题需要具备思想性，并以认同基本观点为前提。这就意味着尽管辩论的问题应该是开放的，但并非漫无边际且没有限制的。辩论的问题在整个教学过程中占据着显著的位置，学生以此为中心进行辩论活动，从表面观点到深层含义，全方位审视、深度思考。因此，辩论的问题必须具备明确、不容置疑的思想性。

需要特别强调的是，思想政治理论课是传达主流意识形态的课程，是国家宣传意识形态的主阵地，因此其核心思想必须明确、坚定，不允许有任何模糊不清之处。因此，引导学生进行深入研讨，探讨“中国共产党为何如此成功”“马克思主义为何得以获得广泛认同”“中国特色社会主义为什么好”等问题，不仅有助于学生确立正确的思想方向，还能通过学术分析和辩论，增强学生对中国共产党的认同。

（四）实践活动教学组织引导

在确定了具有开放性和思想性的辩论问题之后，教师需要引导学生有序地、高效地参与到辩论中。为确保辩论活动的顺利实施，教师需要营造一个有利于学生民主讨论、多元表达的氛围，并为学生创设多边互动的辩论环境，使学生互相交流，从而提升辩论式教学的效果。

1. 有效指导学生参与

（1）激发学生的自我管理能力

通过辩论式教学，教师有意识地引导学生，让他们自主做出决策，有效地管理自己的学习过程，从而提高在辩论活动中的效率。为了实现高层次的自我实现的需要，学生应充分挖掘个人潜能，依靠内在动力的驱动和自我意识的觉醒，完成学习和实现自我成长。要解决辩论活动中学生的“虚假热闹”和混乱无序的问题，教师应扮演引导者的角色，提升学生自主决策的能力，引导他们自我监督和自我调节。相对于教师过于强制性的管理方式，这种方法能够更加高效地解决问题，收到事半功倍的效果。因此，第一步需要向学生提供明确详细的导学指南，使他们清楚知道自己需要“做什么”。导学指南是学生自主学习、自主探究的方案，可以促使学生主动学习和自主探索，从而改变他们被动地接受知识的状态。通过导学指南的使用，学生可以更有目的地参与，从而增强参与感，进而有效提升学习效率。如果学生未能按导学指南事先完成所规定的任务，而在课堂上完成，这既浪费时间又容易干扰教学的有序进行，从而会对活动效率与结果产生负面影响。第二步要确立小组成员的分工，让每个人了解自己的任务和职责。教师可以与每个小组的组长商议，在课前活动设计环节制定一个适合小组的辩论形式和方案。同时，教师应调动小组成员的积极性，协调解决对话中的矛盾和冲突，并确保小组活动顺利进行，以达成既定目标。只有让学生明确“要做什么”和“该怎么做”，才能真正启发他们成为活动的主导者，增强他们的责任感、参与感，提高他们的自我管理能力，从而使辩论式教学的组织环节得以有效落实。

（2）指导学生参与辩论

学生如果想充分获取知识，就需要掌握方法。在进行辩论式教学时，必须确保教学聚焦于辩论的主题和方向，从而指导学生采用特定的方法和技巧参与辩论过程。对于教育教学而言，虽然有些方法有固定的步骤和规则可循，但其他方法不一定有固定的模式可供参考。为了进行辩论式教学，通常采用讨论法、课堂辩论法等常见方法。

一是讨论法。在进行问题辩论时，学生可以自由发表观点，教师则可以为他们提供表达和倾听方面的指导，这种碰撞式的辩论过程有助于激发出学生更有创意的观点。这种做法可以逐步培养正确的价值观念，并提高学生的道德批判能力。借助这个过程，学生能够以合理的论据为自己的见解作辩护或者接受他人的观点来达成共识。

二是课堂辩论法。在教学过程中，教师会引导学生思考和辩论，抛出一些具有辩论价值且有争议性的话题，鼓励学生参与其中。这样不仅可以激发学生的参与热情，还能提高他们识别和分析问题的能力。学生参与辩论时，往往会将个人情绪和胜负欲加入其中，并期望最终的结论偏向于自己的立场，导致引发一些无意义的争辩，与辩论的初衷背道而驰。为了使活动保证一定的有效性和和谐性，教师应该指导学生正确地表达，并确认倾听的学生是否理解了发言学生的观点，以提高学生的准确表达能力和认真倾听能力。

（3）提高指导辩论的应变能力

教师需要在教学过程中观察学生的表情和神态。如果出现紧急情况，应当及时确认事件的起因和性质，调整教学方法和教学设计，并做出合理的教学安排，以免因时间管理不当或事件处理不当而引发矛盾。同时，教师要提高自身的应变能力，以应对不同的教学情境和学生需求。

2. 鼓励学生积极表达

（1）创造多边互动的辩论环境

传统的教学方式限制了学生之间的互动和讨论，让课堂缺乏活力。因此，教师需要创造一个多元化、互动性强的环境，以促进辩论活动的进行。为了营造民主和谐的讨论氛围，教师应该设法让学生组成小组，并鼓励他们积极参与讨论。教师可以采用控制桌椅的摆放方式来扩大学生的交流范围，其中最为理想的方式是把课桌排成圆形或椭圆形，这样学生更容易展开多角度的讨论，相互听取不同的观点，避免受到个人主观思维的影响。

（2）鼓励多元的表达方式

由于每个学生的个性和智力水平不同，表达方式也会有所不同，因此教师要鼓励他们采用多样化的表达方式。辩论式教学旨在鼓励学生从表达和个人体验中汲取灵感，从与异质同伴的对话中获取新的思路。然而，这并不意味着表达仅限于口头表达和对话。在我国高校中，班级人数通常都在 40～50 人，在一节课中让所有学生表达自己的观点是不切实际的。因此，为了激发学生表达的积极性，教师可以鼓励学生自主选择口头、书面、绘画、图表等多种方式进行表达，以便从多个角度呈现对同一事物的认识。多种感官的参与可以更好地引导学生思考，使学生进入更深层次的思维活动中，从而提高学生的整体素养。

（五）实践活动教学的总结和升华

实践活动教学的总结和升华策略包括两个方面，即知识的总结和情感的升华。知识的总结包括了梳理由不同观点构成的知识脉络。情感的升华则涵盖了情感升华，引领价值导向。具体来说，从以上两个层面对实践活动教学进行总结和升华，能有显著的教学效果。

1. 梳理相关知识体系

以辩论式教学的小结和梳理环节为例，该环节可以帮助学生更系统、全面地整理知识点。在整理过程中，学生将自己在辩论中的思考与相关知识的定义及主流理论相结合，从而将感性认识上升为理性认识，促成理论的内化。因此，教师和学生均可作为小结主体，运用多种形式和方法，归纳总结知识脉络。

（1）小结内容系统化

为了让学生更好地理解知识点，并将碎片化的知识有机地联系起来，教师应该从整体上对知识进行小结，构建知识框架，促进学生的知识网络形成。首先，学生应该从宏观的角度去掌握知识点，而不能只掌握其中的一部分。因为只有基于完整的学科体系，学生才能将零散的知识点有机地整合在一起，并更加深入地理解知识的内在联系，从而提高对学科的整体理解和掌握。其次，需要明确知识点之间的联系以及各知识点的内在结构，并对其进行优化排列组合，最大化地发挥整个知识体系的效能。这包括明确每个知识点的不同角度和透彻地理解每个知识点在整个体系中占据的位置。最后，要了解各个知识点之间的层次性，特别是把那些难度较大的要点作为关键点来重点讲解，引起学生重视，推进教学目标的实现。为了使“活动内容课程化”学科内容得到整合，必须确保辩论活动的结尾过程是系统的和有序的。

（2）小结主体动态化

在高校思想政治理论课堂中，辩论式教学是一个集预设和生成于一体的教学手段。在实际教学中，小结主体可以根据具体情况进行灵活的调整，而非严格按照教学设计时预设的模式来进行。小结部分可以由教师或学生担任主体。例如，在活动接近尾声时，原本计划让学生自主进行小结，以提高他们的总结和归纳能力。但是，在辩论过程中，学生的讨论异常激烈，因此需要利用小结这个时间点让学生静下来思考和总结。这时候应由教师主导小结活动，在控制活动节奏的同时，协助学生梳理思路，进行知识点总结和归纳。教师应该在总结时尽量保持活动前后的一致性，这样可以使得小结和导入紧密相连，呈现出一个完整的知识结构体系，有利于让学生感受到一个连贯、完整的教学过程。

（3）小结形式多样化

在辩论式教学中，除了将精心设计的辩论活动作为主要的部分，同样重要的还包括精彩的小结。目前，高校思想政治理论课教学存在一个共性问题，即在课堂活动的末尾，教师往往忽略了小结的重要作用，或者只使用了过于简单的课堂小结方式。因此，教师应在课堂小结的设计上付出更多精力和时间，采用多种多样的方法呈现，如画图法、口语表达法、设疑练习法、序号概括法等。如果时间比较宽裕，教师可以鼓励学生大胆地表达自己的想法，并且充分调动各种感官参与学习，如动手、动脑。这样可以锻炼学生的总结概括能力和自我表达能力，并且提高表达技巧，使学习过程更加有趣而不失活力。

2. 促进情感升华

情感升华是辩论活动的终极导向，其侧重点在于培养学生的情感和提高学生的价值观。学生在与教师进行争议性对话后，借助真实而复杂的情境，通过情感升华引导达成价值引领的目标，从而产生情感上的感悟和体会。换句话说，学生需要先拥有“获得感”，才能达到情感上的升华。获得感是一个获取和感受相互融合的过程。一方面，当主体积极地“获得”物时，他们会更加认可物的有用性；另一方面，当主体认可了物的价值时，他们也会更积极地去“获得”。“获得”是引起“情感”的基本前提，通过“获得”，情感得以升华。在进行辩论式教学时，学生要寻求获得感，并促成其情感的升华和价值观的塑造。学生只有在实践中亲身体验到辩论式教学的优势，才会从单纯地获取知识的阶段转向意识形态塑造的阶段，并对辩论式教育持积极的情感认同。这个过程是，满足期待—心理共情—有效对话—意义共享。在以上四个逻辑方面的基础上，下面探讨如何在辩论式教学中加强情感升华和价值引领。

（1）关注学生期待，满足利益需求

在高校思想政治理论课的辩论式教学中，教师需要满足学生的两个重要需求：一是教育活动应帮助学生不断发展成长，实现其个人价值；二是提高教育活动的趣味性和愉悦度，以满足学生的精神需求。在教师的鼓励和指导下，学生在辩论环节能够平等地交流和分享观点，这种民主和谐的气氛会给学生带来愉悦的情绪，进而增强学生对活动的认同感。这不仅满足了参与辩论活动的受众的利益需求，同时也是情感升华的开始。

（2）营造互动氛围，形成共情机制

师生良好的共情能促进情感升华。共情一般是指在与他人交流时能进入对方的精神世界，能将心比心地体验对方的感受，从而建立良好的互动关系。因此，在辩论式教学中，形成师生之间的有效沟通的共情机制是至关重要的。教师需要认真倾听学生就不同观点和疑惑所持有的想法，根据学生的反馈信息，设身处地地去思考学生的想法，站在他们的立场去体验、共情，并发挥引导作用，将社会主流的意识形态和价值观传递给学生。通过这种良性循环的共情机制，教师可以启发学生进行更深入的表达。

（3）促进对话自省，加深理论认同

有效的对话和反思，可以加深个人对理论的认同程度，并使价值观念在个人内心深处扎根。在进行辩论活动的时候，与异质同伴进行对话的过程可以刺激课堂中学生的思维碰撞。在学生进行思维碰撞时，他们会相互比较观点并分析观点的异同之处，这也是学生不断自省的过程。这种活动有助于学生更好地理解辩论内容、吸收知识、增进对理论的理解、提高获得感。在对话过程中，应该营造平等、尊重、倾听、和谐的氛围，保证有效对话，从而提升辩论式教学的情感升华。

（4）完成意义共享，落实价值引领

通过以上基于诚实互动、有效沟通、情感共情和情感升华所展开的一系列行动，教学的终极目标是实现有效的价值引领，并进一步加强实施价值引领的措施。辩论式教学可以让学生自发地进行探究和交流，最终达成共识，并做出理性思考和判断，同时，也能够总结出符合中国特色社会主义主流意识形态、贴近学生生活、符合学生实际的一套价值观念和行为指南。只有经历过，学生才能真正体会到获得感，即情感的升华和有效的价值引领。这些体验会深深地植根于他们的思想中。

第二节 高校思想政治教育实践的资源创新

一、切实利用红色文化资源

在高等教育中，培养文化自信至关重要。红色文化是在革命战争年代由中国共产党人、先进分子和人民群众共同创造的并极具中国特色的先进文化，蕴含着丰富的革命精神和厚重的历史文化内涵。红色文化应该在高校思想政治教育中占有重要的地位，也应该与校园文化相交融。思想政治教育的内容和信息丰富，可以通过各种载体来传达，这些载体在思想政治教育过程中起着连接各要素的重要作用。长期以来，高校对于思想政治教育载体的运用和研究并没有给予足够的关注。教育课程和实践环节缺乏与学生实际生活和社会现状的结合，因此思想政治教育的效果被削弱。

红色文化形成于中国革命的历史长河之中，蕴含着精神文明成果，承载着历代中国人的初心和使命，也是中国共产党在历经无数艰险和牺牲后所获得的成果，是中国近代史的缩影，也是中华民族奋斗历程中所体现的核心价值观。

红色文化具有广泛而深刻的文化内涵，内含丰富的教育资源和精神核心。作为中国共产党革命历程的重要见证，红色文化具有重要的历史价值。因此，有必要以红色文化为载体，对高校学生进行思想政治教育。这不仅有助于推动思想政治教育理论的发展，也对实践优化具有重要的意义。

（一）红色文化传承与融合的优势

红色文化资源，是中华民族具有中国特色的卓越文化形态，有丰富的文化内涵和历史文化底蕴。思想政治教育可以将红色文化资源中蕴含的道德修养、精神理念等方面的知识，以及地方红色文化资源中记录的革命事件等，作为教育的素材。这些素材可以丰富思想政治教育内容。教师可以从不同的视角分析革命事件，也可以运用多种方式来呈现历史事件。红色文化资源在高校思想政治教育中具有特殊的优势，因为它们所提供的真实案例可以让学生产生共鸣并引起他们的关注，这与其他教学内容不同。

1. 精神引领性

红色文化的思想对高校学生身心成长有启迪和引领作用。由于红色文化深植于历史和实践之中，它与高校学生的实际生活息息相关。红色文化已经不再是一个抽象或遥远的概念，而是可以实实在在地落实在生活中的。因此，它对人有非常强的吸引力。

理想信念是人的精神支柱，然而，要孕育出这种信念需要经过漫长的历练。只有坚定理想信念，才能真正实现人生价值。对于一些高校学生而言，他们可能不太清楚理想信念的意义。不过，通过了解红色文化，学生会在潜移默化中受到教育。红色文化资源中包含了许多共产党人为信仰不惧艰难险阻、奋勇前行的历史，非常适合深入地进行高校思想政治教育。红色文化的正确引导，可以激励高校学生的主观能动性，自觉地学习先进科学和技术，从而坚定自己的理想信念，成为能够为社会做出贡献、服务于祖国的有用之人。

2. 可操作性

高等院校课程建设可以从红色文化“基因”中汲取可供使用的资源。高校学生道德观念的形成和发展，离不开他们的独立思考和生活体验。只有通过亲身实践，社会行为规范才能真正内化为个体意识。学生通过实践可以最直接地获得经验和知识，亲身经历之后才会领悟得更深刻，从而达到更好的学习效果。

有效地利用红色文化，可以满足高校思想政治教育实践性教学模式的要求。教师可以安排高校学生参观红色革命旧址和红色革命纪念馆，指导学生展开实践调研活动，通过探讨馆内不同主题的展品，引导学生思考相关的问题。高校可以提供多种途径让学生深入了解红色文化，包括在课堂中进行思想政治教学，以及在课外举办实践活动等。这些都让学生有机会深刻体验红色文化，从而助力他们建立正确的认知，进而在之后的学习中更好地利用红色资源提升自己的精神层次。红色文化具备变革和发展的特点，需要践行才能展现其新生命力。将红色文化运用于高校思想政治教育中可以大大增强其生命力，促进其繁荣发展，从而使红色文化焕发新的活力。

3. 激发学生的主体性

将红色文化融入高校思想政治教育体系中，有助于激发学生的主体性。红色文化的核心基础在于历史记忆，而本土红色文化对于高校学生更具有情感共鸣的作用。探索、体验和融入本地红色文化，可以有效地促进个人塑造正确的人生观和价值观。高校将地方红色文化资源融入思想政治教育，旨在发掘和利用这些文化资源，将其引进课堂，创造优良的文化传播和教育环境，并通过潜移默化的方式达到教育目标。本土红色文化资源和高校学生的特点可以被教师用来灵活制定高校思想政治理论课的教学内容、教学方法和教学组织方式，从而更加合理有效地改进传统的思想政治教育并提升教学效果。

一些红色文化资源产生于特定的地区和环境，它们与高校学生的日常生活息息相关。教师利用本土红色文化资源进行授课，能够让学生有亲切感，让他们不会感到陌生。由家乡文化衍生的知识不仅能够激发学生的求知欲，还能够引领他们深入探索。因此，通过接触一些关于红色文化的知识，学生可以更好地了解自己的祖国，感受革命先烈所经历的艰难困苦。这些深刻的印象和启示将鼓舞学生以先辈为榜样，进而修正自己的行为。

红色文化包含了许多思想政治教育因子，这些因子能够满足高校学生在教育功能、教育内容以及实践活动方式等方面的思想政治教育需求。红色文化蕴含着革命历程、革命精神和光荣传统，这对于高校学生的思想政治教育具有重要的意义。因此，在一些教育功能方面，红色文化与思想政治教育是一致的。

思想政治教育所涉及的各种理论知识都是具备逻辑性和理论性的。如果教师只采用单一的教学方式，可能会限制教学效果的发挥，同时也会对学生自身的理解能力带来一定的挑战。选取具体的红色文化案例，可以将那些抽象的理论知识呈现为具象的历史事件。这样在教学过程中，教师就不再是进行沉闷的理论性授课，而是能够直接通过实例来进行生动讲解。因此，教师应该积极建立高校思想政治教育体系，以红色文化为基础，并注重其自身特色。

（二）思想政治教育中红色文化资源应用的问题

红色文化资源在高校思想政治教育应用中存在一定的问题，主要表现在以下几个方面。

1. 实际利用的资源相对较少

红色文化资源包括大量的革命故事和革命文物。这些文化资源是高校思想政治教育创新的基石。全国各地都有自己独特的红色文化资源，其所代表的革命精神内涵也异常丰富。此外，各地也十分重视革命文物的收集和整理，同时也开展了许多理论研究方面的工作。尽管我国的红色文化资源十分丰富，但目前的利用还不够充分，并缺乏有效的整合方案。此外，现有的利用方式也比较单一，研究方向和角度也相对分散，导致整体的实效性较弱。因此，高校仍需深入挖掘地方红色文化资源，从长远角度看，提升空间依然很大。

就高校学生所接受的红色文化思想政治教育内容而言，能够实际利用的资源相对较少。在高校中，通常只有一些常规的历史教科书或图书资源被用来作为红色文化思想政治教育的教学内容。这些内容虽然以一种更有条理的方式呈现了红色文化的某些方面，但它们可能并不能满足高校学生的需求。因此，学生阅读这些文本通常只是对红色文化的一种体验。这就导致高校学生对于当地红色文化的形成和发展非常感兴趣，但他们发现所阅读的文本内容过于浅显，无法满足他们深入学习的需求。

高校组织的日常红色文化思想政治教育活动通常只是安排学生观看一部红色电影、阅读一本红色书籍、听一场红色报告或参观一次红色景点等，这些教育活动缺乏深入的讨论和探究，内容稍显空洞。

2. 载体形式有待丰富

由于缺乏多样化和丰富的红色文化载体，并且这些载体存在同质化现象，学生在学习红色文化时，可能难以找到自己感兴趣的内容，其学习效果也可能受到影响。

（1）课程载体

高校思想政治教育主要采用的是课程教学形式，开设相关科目并通过考试检验学习成果。这种教学方式往往过于依赖课本，内容呈现较为条目化，而且具体的教学方式和运用的载体相对比较单一，给学生传达的知识和观念往往空泛，难以真正促进学生的思考和认知。此外，高校思想政治教育也过于注重理论的宣讲。

（2）教学计划载体

教学过程是由教师来主导的。通常情况下，教师只是单方面地传授书本知识给学生，仅以自身的计划安排为主，忽略了调动学生的积极性。事实上，这种做法阻碍了学生对课本内容的领悟和理解，并无法将其与自己的认知和体验相融合。因受限于环境和条件，高校学生的主观能动性难以充分发挥，红色文化思想政治教育的关键要素，如价值观教育、品德教育和爱国主义教育等，很难被内化为学生的理想信念教育。

（3）教学工具载体

有些教育工作者将红色文化的传播仅仅局限于学生背诵上，并不能将红色文化的精神内涵以学生喜欢的方式表达出来。一些教师没有充分利用各种先进的教学工具（如多媒体和短视频等）以吸引学生的兴趣，由此带来的问题是红色文化的教学过程乏味、缺乏生动性。因教学内容与高校学生的生活环境不相符，缺乏实际生活联系，故很难被学生理解。由此，部分学生对学习红色文化失去兴趣，这对他们深入理解红色文化是非常不利的，也会影响教学效果。

3. 载体内容不能与时俱进

教学载体内容不能与时俱进，导致与高校学生的生活实际脱节。在社会主义建设进入新时代的今天，红色文化所承载的意义已经不再局限于革命和政治，而是涵盖了充满活力和生命力的文化意识形态。它不仅能够将个人理想与国家、民族的命运融合在一起，还能够促成多层次、多角度的交融。

然而，一些教师将红色文化资源的相关内容不加筛选地引入课堂教学，将其与思想政治教材概念混淆，而不考虑其是否符合时代特征以及内涵是否有新的诠释。这样做违背了将红色文化资源与高校思想政治教育有机结合的初衷，对于红色文化的传承和发展十分不利。

4. 传播程度不广泛

在思想政治教育中应用红色文化资源的另外一个问题是，红色文化资源在高校学生中传播程度不广泛，学生对红色文化的了解程度偏低。

目前，一些学校在开展思想政治教育时，虽然采用与时俱进的方式来宣扬红色文化、培育爱国情感等，但深度和范围都有限，而且很多媒介的运用只是形式化的，缺少真正的内涵。另外，还存在注重形式而忽视实质的问题。部分教育工作者对高校学生的思想状态、思想政治教育工作的实际推进情况、学生的参与度以及教育工作的实际成效等缺乏了解，未选择恰当的媒介宣传渠道对学生进行红色文化思想政治教育。

（三）红色文化资源应发挥的功能

将红色文化资源融入思想政治教育课程教学之中，用中国共产党的革命历史、革命传统、红色基因为高校学生补一补“钙”，壮一壮“骨”，是强化高校学生爱国主义教育、革命传统教育、理想信念教育和激发学生继承革命先辈爱国情怀的重要途径。

1. 很好地引导学生

将红色基因贯穿课程的各个阶段，有助于引导高校学生正确认识革命历史，传承红色文化。将红色文化资源作为鲜活的革命历史教材，可以有效促进高校学生的成长发展，提高他们的思辨、审美和价值判断能力，帮助他们树立正确的价值观。

2. 有效地教化学生

实现教育目标，做到有效地教化学生，就是帮助学生构建一套科学的人生价值体系，从而实现成功的教化。红色文化资源的内容生动、丰富，可以引导和激励学生，可以在课程教学中全面地进行育人教育，从而充分发挥其教化作用。将红色文化资源融入思想政治教育课程，有助于启发并引导大学生形成科学合理的人生价值观。高校应该将红色文化资源与其他专业课程相结合，使其在教学过程中发挥教化作用。

3. 充分地激励学生

教师的激励是学生成长和进步的动力。用红色文化资源中的案例教育学生，可以让学生在日常生活中不畏艰难，使学生在面对学习和生活的挑战时有不竭的动力，并培养学生的爱国情怀和社会责任感。在教学内容中融入红色文化资源，可以提高课程对学生的教育和熏陶，让学生具备“温度”和“广度”，在知识、情感、信仰、道义、行为等方面加强对红色情感的认同。

（四）红色文化资源融合教育的途径

相关的授课教师应积极拓展路径，将红色文化资源科学有机地融入课程教学或者实践活动之中，提升育人实效。

1. 认真做好内容对接

首先，深入挖掘红色文化资源，传承红色基因。其次，认真归纳和梳理挖掘出来的红色文化资源，并深入探索这些资源所蕴含的精神内涵，以增强它们在思想政治教育中的感染力和感召力。再次，要设立一个红色文化资源的教学资源库，以便将红色文化资源融入思想政治教育课程教学和实践活动中。做好资源储备，确保它们与现有的教学内容相衔接，并使这些红色文化资源逐渐纳入系统化的教学内容中，同时逐步实现多层次的融入方式与方法。最后，制订教学计划，将红色文化资源有机地融入思想政治教育课程中，同时在备课环节和课堂教学中具体实施。

2. 扎实开展教学改革

开展教学改革，将红色文化资源融入其中。首先，需要将历史与现实融合，形成一个有机的整体。我们能够从革命战争时期的红色文化中汲取力量，这些文化资源历久弥新，不断焕发活力。在教学过程中，教师应当善于将历史与现实相结合，利用红色文化资源来体现红色基因的精神内涵。教师以传承革命先辈的理想信念为目标，引导学生将革命先辈的优秀品质和高尚的理想信念与实现中华民族伟大复兴的现实需求相结合。通过这样的教育引导，学生就会明确自己的历史责任和使命，成为合格的社会主义建设者和接班人。其次，做到有效地协调并利用线上和线下的资源。教师需主动利用互联网和云计算等工具，拓展丰富的红色文化资源，并创建新型媒体平台和高质量的红色文化资源汇集中心，以此为依托，建设铸魂育人的大讲堂，采取线上和线下相结合、以线下为主体的教学方式，实现优质教学资源的全方位应用。

3. 有效进行评价改革

要重视对学生的主体素养进行评价，不能简单地将提高学业成绩和掌握专业知识作为评价的指标。这样的做法会违拗教育的根本使命——立德树人，也会违背课堂教学的育人本质。通过深化教学评价改革，引导学生培养内涵丰富、富有思想深度和文化美感的思想政治素养，同时，以潜移默化的方式让学生接受红色文化教育。

（五）红色文化应用带来的重要启示

在思想政治教育中融入红色文化资源，进行教学改革，具有重要的启示。

第一，在教学中注入革命精神能够起到极好的助推作用。红色文化资源融入教学改革的核心目标是将中国共产党人的革命理念融入教学内容中。将红色文化资源融入教学，可以不断丰富思想政治育人的案例内容和教学资料，同时提高思想政治理论课的吸引力和感染力，丰富立德树人的教育形式，让学生更深刻地领悟思想政治理论课的内涵，激发其爱国热情，培养其思考能力，使思想政治理论课更加形象生动，使学生更容易理解和接受。

第二，在教学中培养学生的家国情怀能够起到唤醒学生责任意识的作用。“天下兴亡，匹夫有责”，将红色文化资源贯穿于思想政治教学中，即通过将中国共产党人的爱国情怀融入教学中来强化教学的内在价值。将红色文化资源应用于教学中，为学生的家国情怀培养提供了发展的空间，使学生能够明白个人的荣辱和发展同祖国的荣辱和发展息息相关。例如，利用假期，安排学生参观红色文化教育基地，这样能够把课堂教学和社会实践联系起来，让学生做到理论和实践相结合。并且，这种隐性的教育方式，让中国共产党人的爱国情怀自然地渗透到学生的内心深处，提高他们对中国共产党人家国情怀的情感认同，最大限度地发挥红色文化资源引导、教育和激励学生的作用。

第三，在教学中牢记初心使命能够起到坚定教师信念的作用。教师应该将实现中华民族伟大复兴的中国梦与自己的教育任务相融合，以初心使命为原则教学，指引学生加强对思想政治的学习，增强不忘初心和担当使命的责任感和使命感。因此，作为思想政治教育理论课教师，应该探索红色文化资源中的案例、素材，并将其应用于课程教学中，保持精神定力。

二、充分利用影视资源

（一）影视资源与思想政治教育的联系

1. 影视资源自身的特点

当下，图像已经成为人类社会的表达方式之一。人们越来越倾向于以图像和视觉信息为主，这也导致了视觉化和图像化的趋势不断加强，图像深刻地影响着、塑造着人们的思维方式。

第一，直观与生动性共存。直观和生动性是影视资源的重要特征。影视资源中符号的“能指”与“所指”有形似的对应关系，在追求“真”方面具有天然优势，因为视觉符号更多地用平面去表现立体，实现了从再现到仿像的过渡。事实上，在我们的日常生活中，影视资源以其他形式陪伴着我们，如电影和短视频，这些影视资源生动、直观，能够给人留下深刻的印象，使得其与印刷文本有着明显的不同。此外，电影和电视资源以其生动形象的表现方式令人感到愉悦，通过视觉上的冲击力给人带来独特的感受，视觉效果的动态性取代了文字带来的静态体验。

第二，大众化与个性化共存。数字技术的运用将传统的信息传递形式、手段和渠道进行革新，为人类文化创造了全新的生产、储备和传播的载体，从而为文化注入了新的特质。影视资源的大众性指的是它们可以被广大人群接受和欣赏，而不受特定阶层、地域、文化或语言的限制，也可以理解为影视作品具有普及性，能够被广泛传播和共享。例如，电影、图像、短视频等影视资源，以“公众”的身份呈现在人们面前。影视资源的特殊之处在于它能够满足个性化的需求，人们可以利用它表达自己的观点、记录生活、传递特定的信息。

2．影视资源与思想政治教育的契合性

（1）影视资源的育人功能

文化作为一种精神力量，有着引导人们思想和行为的作用。将影视资源应用于教育中，可以起到潜移默化、逐渐渗透的育人作用。各种类型的电影、图片、电视节目和短视频中蕴含着丰富的文化元素，这些元素不仅能引发人们的情感共鸣，还能传递深刻的思想理念。这些资源不仅能够形象地呈现信息，还能融合思想性，增强娱乐和教育的效果，让人们理解、思考并采取行动，以达到启迪和塑造的目的。高校学生通过观看各种优秀的影视资源作品，可以建构对世界的看法，并且塑造自己的价值观念，培养视觉思维能力。

影视资源有强大的大众性和感染力，可以成为有效的工具，用于进行审美教育、净化心灵、塑造人格、健全人格的健康成长。审美教育指的是培养个体的审美能力的教育，也就是通过学习和实践，使个体对美的感知、欣赏、评价和创造的能力逐步提高，从而提高其个人的审美水平和艺术修养。审美教育旨在提高人们对电影、图像、短视频等的鉴赏能力，更好地辨识其品质和价值，让人们更好地关注美好事物，从而促进内心的平衡发展和健康发展，并塑造正确的价值观。此外，影视资源不仅能够让观众感受到视觉魅力，还具备营造出沉浸式空间的能力。当观众深度沉浸在视觉作品中时，他们更容易获得深层次的视觉认知和情感体验。影视资源通过引人入胜的情节和深入人心的画面，激发人们心中的美好渴望，并引导人们进行思考。从这个角度来看，影视资源在审美教育方面对于人们寻求正确的精神追求有着不可忽视的作用。

(2) 思想政治教育的文化属性

思想政治教育的独特之处在于它具有明显的政治、社会和文化属性，这三种属性相辅相成，共同构成了教育活动的特殊性质。实际上，文化属性是思想政治教育的一个要素，因此思想政治教育本身也被视为文化活动的一种。进行教育的过程，不仅是在培养学生，也是在塑造他们的品格。因此，思想政治教育必须与文化紧密结合。随着社会快速发展，思想政治教育在“立德树人，铸魂育人”方面扮演着日益重要的角色。因此，思想政治教育对于塑造和提升个人品德的作用越来越为人们所认知。思想政治教育通过潜移默化的方式对人进行“塑造”，虽然这种方式不显眼，却有着点滴渗透、日积月累的作用。它鼓励公众运用正确的方法理解世界，激发创造性思维，将文化作为凝聚一切可能力量的方式，创造每一个机会、滋养每一个心灵，提升高校学生的文化意识和理论素养，同时传授真善美的概念，提高他们的精神境界。思想政治教育是一种文化力量，为文化固本强基。

（二）影视资源在高校思想政治理论课中的应用原则

1. 需要教师适时引导

影视资源在高校思想政治教育中的应用需要思想政治理论课教师的适时引导。应用影视资源并不是高校思想政治理论课教师简单地播放视听资源，教师需要根据教学内容选择恰当的视听资源，在教学中给予学生适时的引导。在播放视听资源时，教师可以先简单介绍视听资源的背景和内容，用通俗易懂的语言讲述其内涵，帮助学生快速了解课程内容并进入学习状态。在学习过程中，教师可以引导学生思考和探讨，以促进彼此之间的交流和共同学习，而不是仅仅让学生鉴赏视听资源。同时，教师还需要对学生的理想信念和价值观进行引导。随着信息技术的飞速发展，青年学生已经将网络作为他们获取信息的主要渠道。网络为学生提供了便利，他们可以轻松地获取学习资料、了解时事政策以及关注最新动态等。在高等教育阶段，学生处于青春期，这个时期对于学生的身心健康成长发展和价值观念的形成至关重要。网络上的信息有利有弊，一方面会传播主流文化，对青年学生产生积极影响；另一方面，也会传播一些不良文化，这些信息会直接影响青年学生的心理健康和道德成长。高校学生处于心智发展的关键时期，尚未完全成熟，因此极易受外界信息的影响。另外，在互联网信息时代的背景下，每个网民都有机会使用网络媒体来表达自己对社会焦点和热点问题的观点，或者揭发一些不良行为。网络上各种现实事件传播得非常迅速，往往会暴露出事件背后现实社会的阴暗面，所以教师要随时关注学生，在利用影视资源进行教学时，要对学生的理想信念和价值观的树立进行适时引导。

2. 系统反映思想政治学科特点

系统反映思想政治学科特点，即系统性原则，也就是指影视资源在高校思想政治理论课中的应用要系统地反映学科特点。高校思想政治理论课具有学科内容的综合性，并且这种综合性主要是为了核心素养的落实而提出的。影视资源在高校思想政治理论课中的应用也要与学科特点一致，要体现综合性。也就是说，在高校思想政治理论课中应用影视资源要引导学生初步掌握马克思主义基本原理，理解习近平新时代中国特色社会主义思想；树立正确的历史观、民族观、国家观、文化观，不断增强对伟大祖国、中华民族、中华文化、中国共产党、中国特色社会主义的认同，积极践行社会主义核心价值观；树立宪法法律至上、法律面前人人平等的法治观念，进一步增强法治意识等。

3. 具备一定的针对性

在高校思想政治理论课中应用影视资源需要考虑到该课程所涉及的叙事客体、时代特点以及社会环境。同时，也要谨慎选择影视资源，确保它们不会歪曲原有的思想内容。在高校思想政治理论课中，课程内容应以学生为叙事客体。考虑到影视资源在高校思想政治理论课中的应用，我们也需要思考时代特点和外部环境，这些因素都可能对影视资源在思想政治理论课的应用产生影响。

首先，以叙事客体的认知为基础。在高校思想政治理论课上，教师和学生分别是主体和客体，教师在教学过程中应用影视资源对学生进行教学活动。为了确保高校思想政治理论课中使用的影视资源内容能够被学生接受，需要考虑叙事客体的因素。

作为教育的对象，学生是一个充满多样性和复杂性的存在，拥有着鲜明的个性和旺盛的生命力。在应用影视资源时，要遵循学生的认知发展规律，将学科内容与学生的思想、学习和生活实际结合起来，充分反映学生成长的需求，从而激发学生的主动性。

其次，从时代特点和社会环境出发。为了遵循针对性原则，需要考虑到当下的社会环境和时代特点，而不仅仅是客体的认知特点。

4. 注意交互关系

在高校思想政治理论课中，为了更好地应用影视资源，需要遵循交互性原则，即人机交互、人际交互和媒体交互。人机交互是指用户与计算机系统之间的交互关系。在教育领域，这一交互表现为高校中思想政治理论课教师利用智能教育软件进行备课和授课，同时学生运用智能教育媒体进行学习并与他人进行交流。教师和学生之间，以及他们与教育媒体之间的互动是指教师运用教育媒体制作教学内容，学生则根据教育媒体传输的教学内容来接收和转化信息。人际交互主要表现为教师和学生进行交流互动、学生之间进行交流互动，这种交流互动建立在学生掌握所学知识的基础上。媒体交互是通过不同形式和媒介来传递信息的互动过程。在高校思想政治理论课教学中，教师可以融合各种媒介资源，如报纸、电视、互联网等，借助多媒体软件打造多元化的教学内容，以丰富教学手段、提高教学效果。

（三）影视资源的融入策略

第一，在高校思想政治理论课中应用影视资源时，需要注意选择恰当的视听资源。在高校思想政治理论课中，影视资源的内容资源选择非常丰富并多样化。使用现代教育技术可以实现教学资源共享，实现知识点讲解和难点突破的协作教学。

第二，在高校思想政治理论课中应用影视资源时，需要进行预先的教学活动设计。在课前导学阶段，教师可以运用现代信息技术提前呈现与课程有关的教学内容，创设一个教学情境，让学生先行感知、体验，并沉浸其中。建议充分利用视听资源，让学生深刻感受并引发情感共鸣。这一阶段体现了“导”的作用，它旨在引导学生先沉浸在教师选择或制作的视听资源中，以便更好地掌握内容。在课堂教学阶段，教师可以利用教育媒体来激发学生的积极性，促进师生之间、学生之间以及媒体和学生之间的互动。教师可以利用影视资源突出教学的难点，并控制好视听资源的播放时间，营造良好的教学氛围。这一阶段体现了“析”的作用，学生可以通过讨论和分析视听资源所呈现的教学内容来加深对知识的理解，并产生情感共鸣。在日常教学中，教师可以利用制作精美的幻灯片或是录播课中教师精彩的演讲和富有感染力的影视资源，以达到对课程的总结，让学生在视听刺激下深化和拓展所学内容，达到对整堂课教学内容的升华。这个关键步骤在于“结”，要以串联课堂所讲内容和重在升华情感为目的来进行结课。

参考文献

[1] 刘国龙，陈龙．大数据与大学生思想政治教育融合发展研究［M］．苏州：苏州大学出版社，2021．

[2] 王永亮，张倩倩，李莹．新视阈下的高校思想政治教育研究［M］．北京：中国华侨出版社，2021．

[3] 廖雅琴．供给侧视域下高校思想政治教育创新研究［M］．北京：新华出版社，2020．

[4] 王利平．网络环境下高校思想政治教育方法研究［M］．武汉：武汉大学出版社，2020．

[5] 程艳，丁祥艳．高校思想政治理论课“听读写说行”教学模式研究［M］．北京：新华出版社，2020．

[6] 魏晓笛．高校思想政治教育与教学工作创新研究［M］．北京：中央编译出版社，2019．

[7] 赵雪梅．新形势下研究生思想政治工作理论与实践［M］．武汉：武汉大学出版社，2018．

[8] 杨志玲，李兵．新形势下加强和改进高校思想政治工作研究［M］．昆明：云南人民出版社，2017．

[9] 马绍孟．马克思主义中国化与思想政治教育专题研究［M］．北京：中国人民大学出版社，2017．

[10] 袁俊平，卜建华，胡玉宁．人的全面发展理论与高校思想政治教育创新发展研究［M］．成都：西南交通大学出版社，2017．

[11] 赵金子，武唯多．国家治理现代化视域下高校思想政治教育现代化的原则遵循和路径创新［J］．黑龙江工程学院学报，2023，37（4）：47-51．

[12] 戴明清．应用型高校思想政治教育体系建设的应对性考量［J］．黑龙江工程

学院学报，2023，37（4）：52-56.
[13]赵梦茁．基于媒介融合的高校思想政治教育研究［J］．中国报业，2023（8）：116-117.
[14]梁晶．元宇宙赋能高校思想政治教育研究［J］．重庆科技学院学报（社会科学版），2023（4）：92-98.
[15]任程坤，宋宏博．将中华优秀传统文化融入高校思想政治教育的实现路径［J］．林区教学，2023（7）：14-17.
[16]朱亚美．“大思政”视域下高校思想政治教育新格局的实现路径研究［J］．黄冈职业技术学院学报，2023，25（3）：86-90.
[17]张瑶．红色基因融入高校思想政治教育机制探究［J］．兰州工业学院学报，2023，30（3）：148-150.
[18]郝宇刚．高校思想政治教育在学生管理工作中的作用发挥［J］．中学政治教学参考，2023（24）：116.
[19]吴桐，李波，赵晓娟．党史教育融入高校思想政治教育的研究［J］．大众文艺，2023（11）：100-102.
[20]邢娜．红色文化融入高校思想政治教育的时代价值及路径研究［J］．吕梁学院学报，2023，13（3）：50-53.
[21]赵鹏程．习近平法治思想融入高校思想政治教育研究［D］．景德镇：景德镇陶瓷大学，2023.
[22]孙平．陶瓷文化融入高校思想政治教育对策研究：以景德镇地区高校为例［D］．景德镇：景德镇陶瓷大学，2023.
[23]刘洁．高校思想政治教育亲和力研究［D］．太原：中北大学，2023.
[24]王富美．云南本土红色文化资源在高校思想政治教育中的应用研究［D］．昆明：云南财经大学，2023.
[25]梁琳敏．新时代高校思想政治教育显性教育与隐性教育相结合研究［D］．喀什：喀什大学，2023.
[26]武鹏飞．人工智能与高校思想政治教育融合研究［D］．喀什：喀什大学，2023.
[27]张怡雪．高校官方微信公众平台在思想政治教育中的应用研究：以西北民

族大学官微为例 [D]. 兰州：西北民族大学，2023.
[28] 余晨. 大思政视域下高校思想政治教育的社会资源整合研究 [D]. 黄石：湖北师范大学，2023.
[29] 马乾昱. 高校思想政治教育亲和力提升研究 [D]. 西安：西安工业大学，2023.
[30] 盛美慧. 工匠精神融入理工科高校思想政治教育路径研究 [D]. 西安：西安理工大学，2022.